Text: Parvatee, Shankara, Renato, Erika
Zeichnungen + Schrift: Parvatee

Verlag Lichtheimat - Ashram

7. Auflage 63.000 — 67.000 Stück im Jänner 1990

Druck + Bindearbeiten:
wenin OHG, Schmalenegg 9, 6850 Dornbirn

Inhaltsübersicht

Vorwort

Nach langen Vorarbeiten ist es endlich so weit, die Vorlagen für das Kochbuch sind beinahe fertig und das Büchlein wird bald in Druck gehen. Auch wir waren durch die Arbeiten am Kochbuch in letzter Zeit ziemlich in Druck. Trotzdem hat es Spaß gemacht und wir hoffen, daß das Büchlein auch dir Freude macht.

Unsere größte Schwierigkeit bei der Erstellung des Manuskriptes war, daß wir ungefähre Mengenangaben machen wollten, um den Lesern Anhaltspunkte zu geben und ihnen Anfangsschwierigkeiten zu ersparen. Mehr sollen die Mengenangaben aber auch nicht sein. Für uns ist Kochen eine äußerst kreative Tätigkeit und deshalb immer eine Sache des jeweiligen Moments. Deshalb messen wir die Zutaten auch nur in seltenen Fällen und jedes unserer Rezepte kann sich von Herstellung zu Herstellung immer wieder wandeln. Dies macht das Kochen und das Essen erst interessant. Allein schon durch Gewürze kannst du eine Speise völlig verändern, aus einem gewöhnlichen Reis entsteht ein Curry- oder Safran-Reis usw. Und auch auf die Gewürzmenge kommt es stark drauf an. Um hier von vornherein die Kreativität zu wahren haben wir in den allermeisten Fällen über die Menge der Gewürze keine Angaben gemacht.
Um nun trotzdem mengenmäßig Anhaltspunkte geben zu können, haben wir in den letzten Monaten ein Rezept nach dem anderen durchprobiert. Sehr zur Freude unserer Haustiere, die jeweils mitkosten durften bzw. die Reste bekommen haben. Der Ziege Esmeralda hat restlos

alles herrlich geschmeckt, unserem Hund Suli ist bei den meisten Speisen der Speichel schon vor dem Essen so im Mund zusammengelaufen, daß er zu zittern angefangen hat. Die Hühner haben sich zu Geiern entwickelt und wir konnten sie uns beim Essen oft kaum vom Hals bzw. vom Teller halten. (wir essen nämlich immer im Freien - in der Toscana ist dies fast das ganze Jahr möglich).

Die angeführten Mengenangaben sind für 4 Personen und entsprechen dem, wie wir bzw. unser Co-Autor Renato die Speisen im Durchschnitt ungefähr zubereiten. Du kannst diese natürlich immer auf deine speziellen Verhältnisse abstimmen. Wenn ich ein neues Rezept bekomme und es das erste Mal ausprobiere, dann halte ich mich genau an die Beschreibung (ich lasse nur das weg, was ich aus irgendwelchen Gründen nicht verwenden möchte). Dann habe ich das Rezept im Kopf und das 2. Mal brauche ich kein Rezept mehr sondern ich bereite die Speise ganz spontan; ausgehend von dem, was mir dafür zur Verfügung steht. Dies möchte ich als Empfehlung weitergeben.
Nachdem unser „Handbuch für Selbstversorger" solchen Anklang gefunden hat und wir selbst natürlich auch weitgehend Selbstversorger sind, hat sich die Einteilung der Rezepte ganz natürlich vom Standpunkt des Selbstversorgers aus ergeben. Ein Selbstversorger geht beim Kochen in erster Linie einmal davon aus, was ihm im Moment gerade zur Verfügung steht. Daraus wählt er dann das aus, was ihn gerade anspricht. Deshalb haben wir die Rezepte nach derjenigen Zutat eingeteilt, die uns persönlich als typisch für dieses Rezept erschienen ist und nach diesen typischen Zutaten gegliedert. Eine Inhaltsübersicht mit dieser Gliederung steht ganz vorne (Seite 2). Wir möchten hier auch

noch darauf hinweisen, daß es z. B. möglich ist, fast alle beschriebenen Reisgerichte auch mit Hirse oder sogar Weizen zu bereiten. Manchmal haben wir auch darauf kurz hingewiesen, im Übrigen möchten wir dies deiner Phantasie und Intuition überlassen.

Am Schluß des Buches findest du ein alphabetisches Inhaltsverzeichnis und eine kurze Aufgliederung nach dem hauptsächlichen Verwendungszweck der Speisen. Auf diese Weise dürfte es in jedem Fall ziemlich einfach sein, ein entsprechendes Rezept zu finden.

Für die Bezeichnung der Gerichte haben wir oft den Ausdruck verwendet, der für die Gegend typisch ist, in der die Speise hauptsächlich verwendet wird. So kommen viele Dialekt- und Fremdsprachenausdrücke vor, die wir persönlich schöner als irgend eine mögliche oder meist doch unmögliche Verdeutschung finden. Im Rezept selbst haben wir die Ausdrücke so gewählt, daß sie jeder Deutschsprechende trotz großer lokaler Unterschiede verstehen müßte. Für alle Fälle haben wir nicht einheitliche Bezeichnungen samt den gebräuchlichen „Übersetzungen" in die folgenden „Erläuterungen zum Gebrauch der Rezepte" mit aufgenommen.

Somit möchten wir dieses Büchlein auf die Reise schicken. Möge es dir eine kleine Bereicherung sein,

die Lichtheimat-family

Erläuterungen zum Gebrauch der Rezepte

Hier findest du unter den betreffenden Stichwörtern Erläuterungen, „Übersetzungen" und andere für dich vielleicht wichtige Anmerkungen:

Maße, Symbole, Ausdrücke:

T. Tasse
El. Leicht gehäufter Esslöffel
Tl. leicht gehäufter Teelöffel
* die damit bezeichnete Zutat kannst du weglassen.
* (...) die mit * bezeichnete Zutat kannst du durch die in Klammer stehende ersetzen.
backen im Ofen
braten in einer Pfanne (meist mit Fett) erhitzen
darren Mehl o. ä. ohne Fett unter ständigem Rühren rösten
dünsten im eigenen Saft (ev. mit ganz wenig Wasser) zugedeckt leicht kochen lassen.
fritieren schwimmend in Öl oder Backfett kochen
sieden in Wasser (meist sprudelnd) kochen

Zutaten:

Backpulver in der Natur vorkommende, jedoch künstlich erzeugte Treibmittel (Salze), die die Hefe ersetzen. Wenn dir das Backpulver sehr unsympathisch ist, kannst du statt dessen einen Hefeteig machen (ist halt etwas komplizierter).
Butter kann immer durch Margerine oder Öl ersetzt werden.
Butterschmalz = gereinigte Butter. Wir lassen Butter in einer Pfanne ganz leicht kochen und schöpfen ab und zu den sich bildenden Schaum (= Unreinheiten) ab, bis sich keiner mehr bildet. Butterschmalz ist sehr lange haltbar.
Eier können immer durch Soyamehl mit Milch vermischt ersetzt werden und manchmal auch einfach weggelassen werden. Wir selbst verwenden sehr wenig Eier; du kannst natürlich auch mehr verwenden als in den Rezepten angegeben.
Gewürze getrocknete Gewürze rösten wir meist an. Frische grüne Kräuter besser erst am Schluß zu den Speisen geben. Richtiges (auch scharfes) Würzen regt den Appetit an, fördert die Verdauung und kann Speisen auch optisch aufwerten.
Ghee = Butterschmalz
Grieß grob gemahlener Weizen auf eine bestimmte Körnergröße ausgesiebt. Du kannst Grieß selbst machen, wenn du Getreide grob mahlst, das feine Mehl zuerst durch ein feines Sieb (ca 0,5 mm)

absiebst und den Rest nocheinmal durch ein gröberes Sieb (ca. 1mm) schüttelst. Was in diesem Sieb durchgeht, ist Grieß. Das zweite Sieb kann weggelassen werden, nur wird der Grieß dann nicht so schön.

Käse — kann in den meisten Rezepten durch Tofu ersetzt werden, der typische Käsegeschmack fehlt dann jedoch.

Knoblauch — kann immer weggelassen werden (du kannst auch mehr nehmen, wenn es dir schmeckt).

Mehl — darunter verstehen wir Weizenvollkornmehl. Entgegen den Märchen vieler Großmütter können auch Backwerke wie Zopf aus Vollkornmehl bereitet werden. Am Besten ist es, Mehl immer frisch zu mahlen, die Anschaffung einer Mühle lohnt sich.

Milch — muß nicht unbedingt Kuhmilch sein, sondern kann genausogut Soyamilch (Seite 190) oder in manchen Fällen Mandelmilch (Seite 182) sein. Aus Soyamilch kannst du sogar Yoghurt, Weichkäse und quarkähnliche Produkte machen.

Topfen = Quark. Kann durch ein weiches Tofu ersetzt werden.

Zucchetti = Zucchini

Zucker — kann in jedem Rezept weggelassen werden oder durch ein anderes Süßungsmittel (Melasse, Honig, Feigen oder Dattelmasse) ersetzt werden. Wenn du „sehr süß bist“, kannst du auch mehr Zucker verwenden als wir angegeben haben.

Meditation (Einstimmung)

Dir, dem Absoluten, zur Ehre will ich meinem Körper zu essen geben und jenes, was ich ihm zuführe, soll eine Medizin für ihn sein. Alles Reine und Positive geht aus dieser Nahrung hervor. Die Göttlichen Energien durchströmen den Körper, der ein Tempel des lebendigen Gottes ist. Du bist allgegenwärtig, laß mich Dir auch im Essen gewahr werden, denn Du bist der wahre Urgrund des Seins.

aus der Lichtheimat

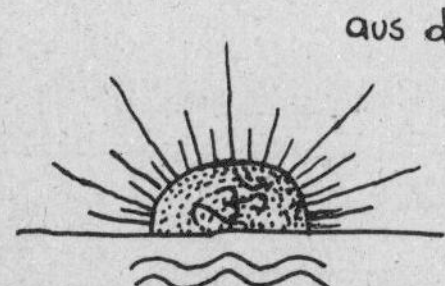

Über Ernährung

Zwei Gründe haben uns hauptsachlich bewogen, dieses vegetarische Kochbuch zu schreiben. Der eine ist der, daß uns nach der Herausgabe des « Handbuch für Selbstversorger" sehr viele Leute gefragt haben, warum wir nicht mehr Rezepte darin angeführt haben und manche uns die Anregung gaben, ein vegetarisches Kochbuch zu schreiben. Der andere Grund ist der, daß wir sehr oft folgende Fragen zu hören bekommen: « Was, ihr eßt kein Fleisch? Und Fisch auch nicht? Was eßt ihr dann? Ist das nicht eintönig ohne Fleisch?" Früher haben die meisten Leute aus Neugierde gefragt, aber in letzter Zeit klang mit diesen Fragen immer stärkeres Interesse mit. Und dieses Büchlein soll einfach unsere Antwort auf diese Frage sein.

Unsere Kurzantwort auf die Frage, wieso wir kein Fleisch essen ist meistens folgende: « Weil wir es nicht nötig finden, für unsere Ernährung Tiere abzuschlachten. Wir können uns ohne Leichenprodukte besser, gesünder und schmackhafter ernähren." Das ist der eigentliche Hauptgrund, weshalb wir auf Fleisch etc. verzichten. Daneben gibt es noch viele andere Gründe, sich vegetarisch zu ernähren. Es würde zu weit führen, hier darauf einzugehen. Wer sich für diese theoretische Seite interessiert, den möchten wir auf die entsprechende Literatur darüber verweisen (z.B. die Broschüre « Güte zum Leben" aus unserem Verlag). Dazu kommt für uns noch ein ganz persönlicher Grund: Mich ekelt Fleisch einfach ganz unheimlich an. Wenn ich mir dann noch vorstelle, wie die Tiere vielleicht in Massenhaltung gequält und dann abgeschlachtet werden und das Fleisch bereits am Verwesen ist .... würg, pfui Spinne.

Die Rezepte in diesem Büchlein sind die Antwort auf die Frage: "Was eßt ihr dann?". Die Zusatzfrage, ob dies nicht eintönig ist, kann sich jeder selbst beantworten, nachdem er alle Rezepte einmal durchgekostet hat.

Neben der vegetarischen Grundlage soll unsere Nahrung auch gesund für Körper und Geist sein. Nun scheinen jedoch unter den verschiedenen Ernährungslehren die Meinungen darüber, was gesund ist, sehr weit auseinanderzugehen, ja oft sogar gegensätzlich zu sein. Zu einem großen Teil dürften diese Gegensätze darin begründet sein, daß das den verschiedenen Ernährungslehren zugrundeliegende Menschenbild sehr verschieden und eben oft einseitig ist. Die Nahrung, die wir zu uns nehmen, hat vereinfacht gesagt einen Einfluß auf unseren Körper und auf unsere Psyche. Und diesen Einfluß der Nahrung auf Körper und Psyche im richtigen Maßstab zu sehen, ist unserer Meinung nach sehr wichtig. Es ist einseitig, davon auszugehen, daß wir nur unseren Körper ernähren, und dabei den Einfluß auf die Psyche zu vergessen. Umgekehrt natürlich genauso. Außerdem wäre es genau so einseitig, davon auszugehen, daß unsere körperliche und psychische Gesundheit allein von der Nahrung abhängig ist. Die Ernährung ist nur einer von verschiedenen Faktoren. Paracelsus zählt z.B. fünf Faktoren auf, die die Gesundheit des Menschen bestimmen, einer davon ist die Ernährung.

Dazu kommt dann noch ein weiterer, sehr wesentlicher Punkt: Die Einstellung des Menschen zu der Speise, die er zu sich nimmt. Allein schon die Überzeugung, daß eine Speise für meinen Körper und meine Psyche gesund ist, kann viele negative Einflüsse der betreffenden Speise kompensieren. Andererseits können negative Gedanken die gesündeste Speise zu Gift machen. Hast du gewußt, daß der Speichel einer sehr wütenden Person soviel

Gift enthält, daß damit ein Tier in Größe einer Maus getötet werden kann?

Aber selbst wenn wir uns all dies vor Augen halten, ist es anscheinend sehr schwierig, die richtige Nahrung zu finden, denn die Widersprüche der verschiedenen Lehren sind oft einfach zu groß. Ist jetzt die Kartoffel eine hochwertige Gesundheitskost, wie manche behaupten oder ist sie pures Gift, wie andere wieder glauben? Dazu kommt der anscheinende Gegensatz verschiedener Nahrungsmittel in der Wirkung auf Körper und Psyche. Knoblauch und auch Zwiebel sollen für den Körper sehr gesund sein (da sind sich fast alle einig), aber genauso sagen jene, die die Ernährung aus geisteswissenschaftlicher Sicht betrachten, daß Knoblauch und auch Zwiebel aus dieser Sicht für die Bewußtseinsentwicklung des Menschen hinderlich sein können. Also an was sollen wir uns halten?

Trotz aller dieser Gegensätze scheint es unserer Meinung nach doch einen sehr einfachen Weg zu geben. Beobachten wir doch einmal eine Ziege. Fragt sie, ob das Blatt, das ihr so vorzüglich schmeckt, auch gesund für sie ist? Und trotzdem ist es offensichtlich gesund für sie. Die Tiere wählen ihre Nahrung danach aus, was ihnen schmeckt. Und das ist ziemlich sicher immer genau das, was ihr Körper jeweils braucht. Schafe sind sehr anfällig für viele Arten von Würmern. Im Frühjahr dachte ich, jetzt wäre es an der Zeit, bald einmal eine Wurmkur mit ihnen zu machen. Damals führte der Weg zur Weide an einer Stelle mit Farnkraut vorbei. Einige Tage nachdem ich den Gedanken gefaßt hatte, begannen plötzlich alle Schafe an dieser Stelle stehenzubleiben und Farn zu fressen, obwohl sie Farn vorher nicht angeschaut hatten. Und das wiederholte sich etwa eine Woche lang jedesmal wenn ich mit ihnen beim Farn vorbeiging; dann war es vorbei. Farn ist ein sehr gutes Wurmmittel, aber da er auch Giftstoffe enthält, hätte ich mich nicht getraut, den Schafen so ein starkes Mittel zu geben. Auf diese Weise haben sie es selbst genommen, ohne einen Gedanken an eine Wurmkur. Es hat ihnen einfach so lange geschmeckt, als sie es nötig hatten. Das ist ein kleines Beispiel dafür, wie die Natur arbeitet. Und schließlich sind wir Menschen doch auch ein Teil der Natur, wenn es manche auch nicht wahrhaben wollen. Also müßte es bei uns grundsätzlich auch so funktionieren, vorausgesetzt daß wir einigermaßen natürlich und naturverbunden leben.

Dieselbe Wechselbeziehung wie zwischen Körper und Nahrung besteht auch zwischen Psyche und Nahrung. Einerseits hat die Nahrung einen Einfluß auf die Psyche und andererseits wird diese wieder einen Einfluß auf die Nahrungswahl ausüben und dabei jene Speisen bevorzugen, die ihrer Gesundheit förderlich sind. Indische Weise haben auf diesen Punkt schon vor Tausenden von Jahren aufmerksam gemacht.

Wenn wir nun hiervon ausgehend betrachten, wie verschieden die Menschen sowohl körperlich als auch psychisch sind, so kommen wir zum Schluß, daß es gar keine allgemein gültige Einteilung in gesund und ungesunde Lebensmittel geben kann, abgesehen von den wirklich schädlichen oder giftigen Sachen. Was für den einen Menschen gut ist kann für einen anderen Menschen schlecht sein. Jetzt verstehen wir auch, wie die Ernährungslehrer auf solch gegensätzliche

Bewertungen der Nahrungsmittel kommen. Und wenn wir diesen Gedanken weiterspinnen, dann erkennen wir auch daß es gar keinen Sinn hat, die Erfahrungen eines Ernährungswissenschaftler mit sich selbst oder einigen Leuten bis ins letzte Detail auf sich selbst zu übertragen. Was wir von ihnen lernen können sind einige wichtige grundsätzliche Kenntnisse über die Ernährung und ihre Wirkung, und insofern sind solche Bücher auch wertvoll.

Aus diesem Gesichtspunkt heraus haben wir die Rezepte für dieses Büchlein ausgewählt. Wir haben sie so gehalten, daß jeder Leser sie auf seine Bedürfnisse abwandeln kann, indem er Sachen wegläßt, die er nicht verwenden will oder mehr von den Zutaten nimmt, die ihm besonders schmecken. Nach welchen Gesichtspunkten du dies aussuchst, bleibt dir überlassen.

Lacto-Vegetarier essen neben Pflanzen auch noch Milch, Milchprodukte und Honig. Ganz strenge Vegetarier (das heißt dann Vegans) verwenden nur Nahrungsmittel aus dem Pflanzenreich. Auch sie müssen auf die vielen Rezepte in diesem Büchlein, die Milch oder Milchprodukte beinhalten, nicht verzichten. Denn wir haben beschrieben, wie du Soyamilch (solltest du auf jeden Fall einmal versuchen) und deren Produkte machen kannst und diese Soyaprodukte können die Kuhmilchprodukte fast in allen Fällen ersetzen. Einige weitere Hinweise zum Gebrauch der Rezepte findest du Seite 6.

Zuletzt erscheinen uns noch einige grundsätzliche Punkte erwähnenswert:

Damit wir uns wie die Tiere auf den Geschmacksinn verlassen können, sollten wir einigermaßen natürlich leben. Was aber noch wichtiger ist. Wir müssen jeden

Bissen gut kauen, sehr gut kauen. Nur so entwickelt sich der volle natürliche Geschmack der Speisen und wird uns zu einer Hilfe bei der Auswahl der Speisen. Außerdem ist es für die Verdauung äußerst wichtig, daß die Speisen gut eingespeichelt werden. Ein altes Sprichwort der Yogis ist: „Du sollst die Speisen trinken und die Getränke kauen". Das ist genau der Punkt. Eine Speise ist gut gekaut, wenn du sie trinken kannst und ein Getränk ist nur gut eingespeichelt, wenn du es kaust.

Denaturalisierte Nahrungsmittel sollten wir so gut es geht meiden. Dazu zählen der weiße Zucker, Weißmehl, geschälter Reis usw. Alle diese Nahrungsmittel haben eines gemeinsam: Der Mensch hat aus dem in der Natur gewachsenen Produkt praktisch nur einen Bestandteil herausgefiltert und diese Nahrungsmittel sind daher nicht mehr im Gleichgewicht. Es fehlen alle jene in der Ursprungspflanze enthaltenen Stoffe, die zur Verdauung und Assimilation des denaturalisierten Produkts notwendig wären. Außerdem fehlen die Ballaststoffe, die die wichtige Aufgabe haben, den Darm zu reinigen. Zum weißen Zucker wäre zusätzlich noch zu sagen, daß er eigentlich ein Suchtmittel ist. Ich süße Getränke schon jahrelang nicht mehr und auch sonst verwenden wir sehr wenig Zucker. Als ich das letzte Mal nach Indien kam und dort den ersten Schluck Jay trank, dachte ich, mir würden die Zähne herausspringen, so süß war er. Die Inder trinken nur stark gesüßten Jay und ich konnte nie einem klar machen, daß ich ungesüßten Jay möchte. Also gewöhnte ich mich wohl oder übel daran. Als ich wieder zurück war und einen ungezuckerten Jay trinken wollte, mußte ich mich richtig dazu

zwingen, so grauslig erschien er mir. Es dauerte einige Zeit, bis ich wieder vom Zucker entwöhnt war. Ähnliche Erfahrungen mit Zucker haben schon viele gemacht. Also ist hier schon Vorsicht geboten. Jedoch glauben wir, daß es nicht schädlich ist, wenn wir in seltenen Fällen etwas sehr Süßes essen.
Mittlerweile hat es sich auch herumgesprochen, daß die in der Landwirtschaft verwendeten Spritzgifte sich als Rückstände in den Nahrungsmitteln absetzen. Deshalb erscheint es uns unserer eigenen Gesundheit und auch der Gesundheit der Natur zuliebe sehr ratsam, möglichst nur biologisch angebaute Lebensmittel zu verwenden, auch wenn sie beim Einkauf etwas teurer sind. In der Endabrechnung (Krankheit, Umweltzerstörung usw. berücksichtigt) sind sie auf jeden Fall wesentlich billiger als die vergifteten Sachen.

Vegetarier müssen darauf achten, daß sie genügend Eiweiß dem Körper zuführen. Bei einer ausgeglichenen Kost ist dies nicht allzu schwierig. Es hat sich längst herausgestellt, daß der Körper nicht soviel Eiweiß braucht, wie eine zeitlang behauptet worden ist. Am meisten Eiweiß ist in Soyabohnen, Bohnen, Erbsen und Linsen enthalten. Sie enthalten das Eiweiß auch in einer Form, die der menschliche Körper gut aufnehmen kann. Auch Vollkorngetreide und Milchprodukte enthalten Eiweiß. In Indien, wo die Leute wenig Milchprodukte verwenden, essen sie täglich als Beilage ein kleines Schüsselchen Dhal (aus Linsen od. Bohnen), das deckt ihren Eiweißbedarf.

GETREIDE
GERICHTE

Vollkornbrot
macht Wangen rot

mit Sauerteig

400 g Vollkornmehl
300 ml lauwarmes Wasser (nicht zu warm)
1 El. Sauerteig (siehe unten)
1 TL. Blütenhonig

mischen wir am Abend gut durcheinander, kneten den Teig kurz, decken ihn zu und lassen ihn über Nacht an der Wärme (ideal ist 25° C) stehen. Wenn wir regelmäßig Brot machen, nehmen wir am nächsten Morgen vor der weiteren Verarbeitung etwas Teig weg und füllen ihn in ein Glas, verschließen es und stellen es kühl. Dies dient uns als Sauerteig für das nächste Mal backen.

Dann mischen wir
600 g Vollkornmehl
Salz +
Gewürze (Koriander, Kümmel, Leinsamen, Fenchel, ...)
gut miteinander, geben es zum Teig dazu und fügen unter Kneten nach und nach soviel handwarmes Wasser bei, bis der Teig die gewünschte Festigkeit hat. Zum Backen in Formen kann der Teig ziemlich flüssig sein, das Brot bleibt dann länger frisch. Nach 15-minütigem Kneten lassen wir den Teig an der Wärme 2-3 Std. gehen, kneten ihn dann nocheinmal gut zusammen und füllen ihn in Formen oder bilden Laibe. Nach einer weiteren halben Stunde ist der Teig soweit gegangen, daß wir ihn ins vorgeheizte Backrohr geben können. Bei 250 °C backen wir die Brote etwa eine Stunde.

Bei günstiger Lagerung (kühl und luftig oder im Getreide)

halten sich die Brote etwa 2 Wochen frisch. Roggenmehl gibt eine bessere Säuerung, während Weizenmehl ein luftigeres Brot gibt. Die beiden Mehle können auch gemischt werden. Als Beimischung kann auch Mehl jeder anderen Getreideart verwendet werden.

Sauerteig

Wir mischen am Abend 1 gehäuften Tl. feines Mehl (möglichst Roggen-) mit 1/2 Tl. Honig und 1 Tl. lauwarmem Wasser. Diesen Teig stellen wir 24 Std. an die Wärme, geben dann wieder 1 gehäuften Tl. Mehl und 1 Tl. Wasser dazu, stellen den Teig wieder an die Wärme und wiederholen dies nach weiteren 24 Std., wobei wir soviel Wasser zufügen, daß ein lockerer Teig entsteht. Nach weiteren 24 Std. ist der Sauerteig gebrauchsfertig.

Vollkornbrot mit Hefe

1 kg Vollkornmehl
30 g Hefe
Wasser
Salz + Gewürze

Wir mischen Mehl, Salz u. Gewürze und geben sie in eine Schüssel, machen in der Mitte eine kleine Mulde und schütten die in einer halben Tasse handwarmem Wasser aufgelöste Hefe hinein. Wir stellen die Schüssel an einen warmen Ort und lassen die Hefe etwa 15 Min. gehen. Dann schütten wir nach und nach unter ständigem Kneten soviel lauwarmes Wasser hinzu, bis der Teig die gewünschte Festigkeit hat, kneten ihn noch etwa 15 Min. und stellen ihn an die Wärme. Wenn der Teig gut gegangen ist (nach 1-3 Std) kneten wir ihn zusammen, füllen ihn in Formen (bilden Laibe), lassen ihn nocheinmal kurz gehen und backen ihn im vorgeheizten Backrohr bei ca. 250° C etwa 1 Stunde.

Käsbrot

Wir bereiten Vollkornbrot am besten mit Hefe und aus Weizenmehl und fügen beim Kneten auf 1kg Mehl etwa 300 g geriebenen Käse bei.
Käsbrot ist eine schmackhafte Abwechslung auf dem Brottisch.

Recycling-Brot

frisch + knusprig

Wenn Brot alt und trocken geworden ist und du dir fast die Zähne ausbeißt, so ist das noch kein Grund, es wegzuwerfen. Neben verschiedenen Verwertungsmöglichkeiten (Brotsuppe, Brotknödel....) kannst du daraus auch ganz einfach wieder „frisches Brot" machen. Wir tauchen das alte Brot kurz in kaltes Wasser, lassen es ein wenig abtropfen und backen es auf einem Rost im vorgeheizten Backrohr bei mäßiger Hitze 15-30 Minuten lang.

PAPPA
Altbrotverwertung nach Toscanerart

6 T. altes Brot (ohne Schimmel)
3 T. Gemüsebrühe
2-3 Tomaten
1 El. Olivenöl
reichlich frischen Basilikum (od. Liebstöckl)
Knoblauch

Das Brot wird zerkleinert, ebenso die Tomaten, Basilikum und Knoblauch. Das Ganze wird mit der Gemüsebrühe zusammen in einem Topf gebracht und auf mittlerer Hitze gekocht, bis es eine breiige Masse wird (ev. etwas fester).

Brotsuppe
altes und trockenes Brot sinnvoll und schmackhaft verwertet

1/4 kg altes Brot (kein Sauerteigbrot)
4 T. Gemüsebrühe
1 T. Zwiebel
Knoblauch gehackt, Lorbeer, Pfeffer, Muskatnuß
1 T. geriebener Käse (Emmentaler, Tilsiter)

Zwiebel und Knoblauch andünsten und mit Gemüsebrühe löschen. Das Brot in kleine Stücke schneiden und dazugeben, ebenso die anderen Gewürze. Das Ganze kochen bis das Brot zerfällt, dann den Käse dazugeben und warten bis er Fäden zieht.

Scheiterhaufen

1 großer Wecken trockenes Weißbrot (oder Hefevollkornbrot ohne Gewürze)
5 - 7 große Äpfel
1/4 l Rahm
1/4 kg Topfen (Quark)
1/2 l Milch
Rosinen, Nüsse, Zucker, Butter, Zimt
1 Ei *

Wir schneiden das alte Brot in Scheiben, zerrühren die Milch mit dem Ei und lassen das Brot darin weichen. In der Zwischenzeit raspeln wir die Äpfel und vermischen sie mit den Rosinen, Zimt und Nüssen.
In einer Auflaufform oder Pfanne mit feuerfestem Griff legen wir nun eine Lage Brot zuunterst auf den bebutterten Boden, darauf kommt eine Lage Topfen mit Rahm vermischt, dann eine Lage Apfelmasse, wieder Brot usw. Die oberste Schicht muß der Topfen mit Rahm bilden. Darauf geben wir etwas Butter. Wir backen den Scheiterhaufen bei ca. 250° C bis er schön knusprig und braun oben ist (etwa 1/2 Std).

Semmelknödel

1/2 Wecken trockenes Hefebrot (aus Weizen)
1 Ei *
1T. Mehl
1/2 Zwiebel
Butter
Petersilie feingehackt
Salz, Mayoran, Muskatnuß

Wir schneiden das Brot in kleine Würfel und rösten es in Butter leicht braun. In einer Schüssel vermengen wir die Brotwürfel gut mit den anderen Zutaten und formen Knödel daraus. Im Salzwasser kochen wir die Knödel bis sie aufsteigen.

Falscher Hackbraten!

3T. Getreidereste od. gekochtes Getreide (Reis, Buchweizen, Bulgur usw.)
1T. Haferflocken
1/2T. Brösel
1/2T. Mehl
3 Kartoffeln
1 Ei * (Wasser od. Milch)
Salz, Pfeffer, Mayoran, Chilli, Curry, Basilikum, Thymian

In einer Pfanne lassen wir im Butter die Haferflocken und das Mehl zuerst rösten. Die Kartoffeln werden entweder

gekocht und zerdrückt oder sie werden roh fein geraspelt. Dann kneten wir aus allen Zutaten (frische Gewürze immer fein zerschneiden!) einen festen Teig. Wenn er zu trocken ist, geben wir etwas Wasser oder Milch dazu. Aus der Masse formen wir Laibchen, wälzen sie vor dem Braten noch in Brösel und braten sie in einer Pfanne mit wenig Butter oder Öl auf beiden Seiten goldgelb.
Diese Laibchen schmecken sogar den „Fleischessern" ausgezeichnet!!!

Getreidekaffee

Aus den verschiedenen Getreidesorten können wir einen guten Kaffee machen. Wir nehmen am besten von einigen verschiedenen Getreidesorten Körner nach Belieben und rösten sie entweder auf einem Backblech im Ofen bei geringer Hitze oder in einer Bratpfanne auf kleiner Flamme unter dauerndem Rühren bis die Körner schön braun sind. Die gerösteten Körner mahlen wir wie Kaffeebohnen, geben das Pulver in kochendes Wasser, lassen es kurz mitkochen und dann etwa 3 Min ziehen, bevor wir den Kaffee durch ein Sieb schütten.

Auf dieselbe Art können wir aus Löwenzahnwurzeln, Klettenwurzeln, Eicheln, Kichererbsen und Feigen einen Kaffee machen.
Wenn wir Gerste keimen lassen, dann trocknen und rösten erhalten wir einen Malzkaffee.

Puddinge aller Länder vereinigt euch!

Puddingpulver (fertiges) „enthält Stärke und Salz. Künstlich aromatisiert und gefärbt.", steht auf der Packung. Das gibt dann den herrlichen Einheits-Pudding. Dies ist doch ein Grund, sich selbst einmal in der Puddingherstellung zu versuchen.

1l Milch
3El. Maisstarke (Maizena) od. anderes Stärkepulver
Zucker
Natürliche Aromen

Wir stellen die Milch zum Kochen auf und entnehmen 1/2T. sobald sie nicht mehr ganz kalt ist. Zu der Milch in der Tasse mischen wir die Maisstärke und rühren bis keine Knöllchen mehr existieren. Kurz vor die Milch anfängt zu kochen geben wir den Zucker dazu, und sobald sie gut sprudelt rühren wir langsam die in Milch aufgelöste Maisstärke dazu und lassen das Ganze unter ständigem Rühren ca. 3Min. kochen. Nun schütten wir den Pudding in mit kaltem Wasser ausgespülte Formen und lassen ihn erkalten.
Mit Hilfe dieses Grundrezeptes kannst du alle möglichen Puddinge machen, hier einige Anregungen:
Vanillezucker (od. Stangen) kurz vor dem Kochen beigeben.

Gemahlene Haselnüsse oder Mandeln in der Milch mitkochen.

Statt Milch einfach Mandelmilch (Seite 182) verwenden.

Schokolade oder Kakao zur Milch geben.

Statt Milch Karamelmilch (Seite 196) verwenden.

Mit Bananenmilch oder sonst einer Fruchtmilch.

Oder Restenverwertung:

1T. Reisresten (gekocht), soviel Milch dazu als in der Tasse noch Platz hat, zur Milch im Rezept geben und einige Minuten stark kochen lassen, bevor wir die Maisstärke einrühren.

trockenes Hefebrot od. Zwieback klein würfeln und entweder in Milch einweichen und der Milch im Rezept beigeben oder uneingeweicht erst nach Beigabe der Maisstärke dazugeben.

Oder vielleicht selbst einmal etwas ganz Neues und Außergewöhnliches probieren.

Puddingcremen aller Art

werden nach obigem Puddingrezept bereitet, jedoch wird nur halb soviel Maisstärke verwendet.

*

Die Vollkommenheit beginnt mit einem guten Gedanken.

Swami Omkarananda

Müsli

am Morgen
nimmt Kummer und
Sorgen

2 T. Haferflocken
1/2 T. Weizenflocken
Rosinen, Mandeln (gem.), Haselnüsse (gem), Feigen (kleingeschn.)
Butter
Honig, ev. vorhandene frische Früchte
2 T. Wasser
3 T. Milch

Zuerst rösten wir die Rosinen und Nüsse im Butter an, geben die Flocken dazu, sobald sich die Rosinen aufblähen, und rösten unter ständigem Umrühren weiter. Wenn die Flocken leicht geröstet sind, löschen wir mit Wasser und Milch und lassen das Ganze noch einige Min. kochen. Zum Schluß geben wir die Feigen (oder andere Trockenfrüchte) dazu; die frischen Früchte und den Honig erst beim Anrichten.

Birchermüsli

Haferflocken, Weizenflocken und/oder andere Flocken, Rosinen, Nüsse aller Art, Mandeln, Trockenfrüchte, Sonnenblumenkerne, Kürbiskerne, Leinsamen, Honig, gekeimte Weizenkörner usw.. Wir nehmen von obigen Zutaten was wir gerade finden in gewünschter Menge und überschütten es mit kalter oder leicht temperierter Milch und/oder Yoghurt. Noch besser wird das Müsli wenn wir die Nüsse vorher kurz anrösten.

Trinkmüsli

indische Spezialität am Morgen oder ... Zwischendurch
(zum „Znüni" oder „Zvieri" in der Schweiz)
(oder auch für Baby's)

1-2 El. Vollkornmehl (Weizen)
1-2 El. Reismehl oder Hafer (flocken) mehl
Salz
1/2 l Wasser
1/2 l Milch
Gewürze nach Belieben

Wir stellen Wasser und Milch zum Kochen auf, nehmen gleich 1/2 Tasse davon weg, verrühren darin das Mehl sehr gut und rühren diese Mischung zur übrigen Flüssigkeit, sobald diese kocht Dazu geben wir noch wenig Salz und lassen das Ganze einige Minuten kochen. Zum Trinkmüsli stellen wir Salz, Muskat, Curry, Zucker oder Honig, Zimt etc. Dann kann es jeder süßen, salzen und würzen nach Belieben.

Schrotmüsli

2 T. Weizen (oder anderes Getreide) geschrotet
Trockenfrüchte und Nüsse nach Belieben
Wasser
Milch und Honig nach Belieben
gekeimtes Getreide oder Samen.

Am Abend schroten wir das Getreide, geben es in eine Schüssel und schütten soviel Wasser dazu, daß es gut bedeckt ist. Am nächsten Morgen ist das Getreide gut aufgequollen und wir geben nach Belieben die anderen Zutaten dazu.

Gekeimter Weizen

Wir legen den Weizen etwa 10 Std. in Wasser zum Quellen. Dann legen wir ein nasses Tuch in eine flache Schüssel (Platte, Teller) und darauf kommen die Weizenkörner (sie sollen möglichst nicht aufeinander liegen). Das Tuch muß nun immer feucht gehalten werden (mindestens 2x täglich kontrollieren und falls nötig Wasser nachfüllen). Am dritten Tag sollten sich die ersten Keime zeigen. Wenn wir den Weizen warm halten sogar noch früher. Verwendet wird der gekeimte Weizen wenn die Keimlinge zwischen 2mm und 1-2 cm lang sind.
Die gekeimten Körner können einfach nur so gegessen werden oder wir können mit ihnen einen Salat oder ein Müsli bereichern.

Chapatis

nahrhaft + bekömmlich

Aus
Weizenvollmehl (möglichst fein)
lauwarmem Wasser und
etwas Butterschmalz*(Öl)
bereiten wir einen festen Teig und kneten ihn, bis er geschmeidig ist. Dann lassen wir ihn einige Stunden stehen, kneten ihn noch-einmal gut durch, zerteilen ihn in eigroße Stücke und walken diese zu dünnen Fladen aus. In einer dicken Eisenpfanne braten wir auf einem Holzfeuer (oder Gas) die Fladen ohne Fett auf beiden Seiten braun und bestreichen sie anschließend mit Butterschmalz. Chapatis werden frisch zu Gemüse, Dhal usw. gegessen oder wie Brot mit Butter etc. bestrichen. Noch ein spezieller Tip: .....!
Wenn du die gebratenen Chapatis bevor du sie mit Butterschmalz bestreichst für einige Sekunden in die Glut des Feuers legst, blasen sie sich auf wie ein Ballon und werden besonders köstlich. Der Teig kann bei Belieben auch gesalzen werden.

Hmm ....

Chapati gebacken

Wir machen einen Chapatiteig wie oben beschrieben, backen die Chapatis aber dann in einem Steinofen.
Dazu klatschen wir sie an die Wand des Ofens oder legen sie auf den Boden, wo keine Glut ist. Mit einem Schürhacken oder einem hackenförmig gebogenen Draht holen wir sie heraus, sobald sie braun sind und bestreichen sie mit Ghee.

Chapatiofen

Kartoffelchapati

½ kg Weizenmehl
5 gekochte Kartoffeln
etwas Butterschmalz * (Öl)
grüner Kümmel
Chilli
Wasser (lauwarm)
Salz

Wir bereiten einen Chapatiteig wie oben beschrieben. Bevor wir ihn weiterverarbeiten, zerdrücken wir die gekochten Kartoffeln leicht mit der Hand und mischen Salz und die Gewürze dazu. Aus dem Teig formen wir eigroße Stücke, walken sie etwas aus, legen darauf von der Kartoffelmasse, schlagen den Teig von allen Seiten darüber und walken das Ganze zu etwa 4-5 mm dicken Fladen aus und braten sie wie normale Chapatis, bestreichen sie letztlich mit Ghee.

Parotta

3 Tassen Weizenvollmehl (möglichst fein)
1-2 EL. Butterschmalz * (Öl)
Salz,
lauwarmes Wasser

Aus obigen Zutaten kneten wir einen festen Teig und formen fingerdicke Schlangen daraus, die wir spiralförmig zusammenrollen und dann mit einem Nudelwalker auf einer Seite leicht ausrollen (5-7 mm dick). In einer Pfanne mit Ghee backen wir die Fladen beidseitig goldbraun.

OMLETT (Pfannkuchen)

4 T. feingesiebtes Weizenmehl
1-2 Eier * (½ T. Soyamehl)
Salz
1 T. Milch
2 T. Wasser

Wir mischen Milch, Wasser und Eier gut miteinander in einem Krug mit Schnabel, rühren das Mehl dazu und salzen den Teig, der so flüßig sein sollte, daß er in der Pfanne gerade noch gut verrinnt. Wir schlagen den Teig gut durch und gießen dann davon spiralförmig in eine Pfanne mit heißem Butter; schwenken die Pfanne, daß sich der Teig gleichmäßig verteilt und lassen die Omlett goldbraun werden, drehen sie um und braten sie auch auf der anderen Seite goldbraun. Du kannst einmal versuchen, ob du das Omlettwerfen beherrscht:

mit der Pfanne eine ruckartige Bewegung kurz vor und nach oben – schwupps – schon sollte das Omlett auf der anderen Seite in der Pfanne (und nicht auf dem Boden) liegen. Wir servieren die Omlett heiß, entweder süß mit Kompott, Marmelade oder Honig als Füllung oder mit salziger Füllung wie Gemüse, Spinat ...

En Guata !!

Zur Abwechslung schmecken Omlett aus einer Mischung von Reis- und Weizenmehl sehr lecker.

Puri

4 T. Mehl
4 El. Butterschmalz
heißes Wasser
Salz

Wir mischen das Salz und Butterschmalz unters Mehl, geben langsam soviel heißes Wasser hinzu, daß ein fester Teig entsteht, und kneten bis der Teig geschmeidig ist. Dann lassen wir den Teig etwa 1/2 - 1 Std. stehen und walken ihn dann zu etwa 2-3mm dicken und 15 cm großen Fladen aus, die wir in heißem Butterschmalz oder Backfett fritieren bis sie goldgelb sind.
Puris werden verwendet wie Chapatis. In Indien werden sie oft zusammen mit Kichererbsen zum Frühstück gegessen.

KNÖPFLI

4 T. feingesiebtes Weizenmehl
2 Eier * (1T. Soyamehl + Milch)
1 T. warme Milch
1-2 T. warmes Wasser
Salz

Wir bereiten aus obigen Zutaten einen Teig, wobei wir soviel Wasser verwenden, daß der Teig zähflüßig wird. Dann schlagen wir ihn kräftig mit dem Schneebesen bis er Blasen bildet und lassen in gut eine halbe Stunde stehen. In der Zwischenzeit bringen wir

Salzwasser zum Kochen und tropfen dann in dieses den Knöpfli-Teig. Wir können dazu den Teig mit einem Messer in kleinen Tropfen von einem Brettchen ins kochende Wasser schaben, oder wir drücken den Teig mit einem Löffel durch ein sehr grobes Sieb oder wir verwenden einen "Knöpfler." Dieses Gerät besteht aus einer Art Schiene mit Löchern und einem fahrbaren Behälter für den Teig. Sobald die Knöpfle im kochenden Wasser hochkommen, schöpfen wir sie in eine Schüssel ab. Darüber gießen wir entweder gebräunte Butter oder in Butter geröstete Brösel oder Basilikumsoße (siehe Seite 33). Eine andere Möglichkeit: Wir schrecken sie nach dem Abschöpfen mit kaltem Wasser ab, lassen sie etwas abkühlen und braten sie mit Butter in einer Pfanne.

Nudeln-Spaghetti

5 T. feingesiebtes Vollkornmehl (besser Hartweizenmehl)
2 Eier * (1 T. Soyamehl)
Salz
warmes Wasser

Aus obigen Zutaten machen wir einen festen Teig und kneten ihn bis er nicht mehr anklebt. Wer keine Nudelmaschine hat, macht die Nudeln von Hand. Dazu geben wir Mehl auf ein Brett und walken den Teig ca 2 mm dick aus und schneiden mit einem Messer etwa 1cm breite Streifen. An der Sonne oder Wärme lassen wir die Nudeln etwas antrocknen (wenn wir sie gut trocknen, lassen sie sich wie gekaufte Nudeln aufbewahren) und geben sie dann in siedendes Salzwasser, kochen sie bis sie durch sind und gießen das Wasser durch ein Sieb ab (dieses kann für eine Suppe oder Gemüse etc. verwendet werden). Wenn wir Butter über die gekochten Nudeln geben, schmecken sie schon köstlich. Daneben gibt es natürlich noch viele Möglichkeiten, Nudeln und Spaghetti besonders schmackhaft zu machen. Die folgenden Saucen etc. passen zu allen Teigwaren.

Butterbrösel

Wir erhitzen in einer Pfanne Butter, rösten darin Brotbrösel goldbraun und mengen sie unter die Nudeln.

Basilikumsauce I

1 gute Handvoll Basilikum
1 gute Handvoll junge Brennesseln
etwas Petersilie
1/2 T. feines Mehl
Butter, Salz

Wir machen einen Einbrenn (Mehlschwitze, in Butter braun geröstetes Mehl) und löschen mit Wasser ab. Dann geben wir Salz und

das feingeschnittene Grün hinein und lassen das Ganze etwa 5 Minuten kochen.

Basilikumsauce II

10 - 12 Basilikumpflanzen od. entsprechende Menge Blätter
1 T. Olivenöl
2 El. Pinienkerne zerhackt (oder Mandel, Haselnüße)
2 El. Parmesankäse gerieben
2 El. Schaf oder Ziegenkäse gerieben
3 Knoblauchzehen

Den Basilikum zermörsern oder mit (Wiege)-Messer zerkleinern (ev. Mixer). Mit allen übrigen Zutaten vermischen und leicht salzen. Die Sauce wird unerhitzt über die heißen Teigwaren gebracht.

Salbeisauce

exclusiv, besonders auf Ravioli und Tortellini

2dl Rahm
1dl Milch
6-8 Salbeiblätter zerkleinert

Die Zutaten nur leicht erwärmen (5 Min) und dann ziehen lassen, mit Salz und Pfeffer abschmecken.

Spaghetti al aglio e olio

1 T. Olivenöl
4-5 Knoblauchzehen fein zerhackt (es geht auch ohne)
Gewürze nach Wahl und Geschmack, möglichst frisch aus dem Garten (Mayoran, Rosmarin, Thymian, Oregano, Basilikum)

Die ganze Mischung auf ganz kleiner Hitze erwärmen (5-10 Min.), so daß das Öl den Kräutergeschmack aufnimmt. Fertig.

Spaghetti al Gorgonzola

100 g Gorgonzola (Graukäse, Schimmelkäse)
1-2 dl Rahm (oder nur Milch)
1 dl. Milch

Den Gorgonzola zerdrücken und mit Rahm und Milch solange mit einer Gabel vermischen, bis es eine gleichförmige Masse wird. Wird unerhitzt über die heißen Teigwaren gegeben.

Spagetti

Tomatensauce

6 Tomaten
1dl Olivenöl
1 Paprika
2 Kartoffeln fein geraspelt
1-2 T. kleingeschnittenes Gemüse nach Wahl
(Karotten, Sellerie, Zuchetti, Aubergine...)
Basilikum, Rosmarin, Thymian, Salbei, Lorbeer~
blätter, 1 Nelke, Chilli, Curry
1 El. Mehl
Salz

Im Öl rösten wir zuerst die Gewürze an, geben das Gemüse hinein, dünsten es kurz und schütten dann etwas Wasser dazu, lassen das Ganze auf kleiner Flamme kochen, rühren bevor es gar ist das Mehl hinein und lassen es noch kurz auf kleiner Flamme. Zur Geschmacksverbesserung können wir noch etwas Rahm beifügen.

* Spaghetti alla Carbonara

2 Eier
1/2 T. geröstete Zwiebel
2 El. feingeschnittenes Basilikum (oder Liebstöckel, Rosmarin, Thymian)

Die Eier mit einer Gabel gut schlagen und mit den übrigen Zutaten vermischen. Wird unerhitzt mit den noch heißen Teigwaren vermischt. Es soll gegessen werden, solange die Teigwaren noch sahnig aussehen.

Rosa Sauce

1-2 dl Rahm
1 dl Milch
1-2 Tomaten od. 3 El. Tomatenmark
Basilikum oder Liebstöckl, zerhackt
Paprika, Chilli, Pfeffer, Salz

Die frischen Tomaten zerkleinern und zu einer Sauce kochen lassen (10-20 Min). Rahm, Milch und Basilikum unter die Tomatensauce ziehen und das Ganze mit Paprika, Chilli, Pfeffer und Salz würzen, so daß die Sauce leicht scharf schmeckt.

Pfeffersauce

3 El. grüner Pfeffer (wenn hart, 24 Std in Wasser einweichen)
2 dl Milch
2 El. Mehl
1/2 T. Weißwein od. Essigwasser
2 El. Butter

Den grünen Pfeffer ca 5 Min. in Wein kochen. In einem Pfännchen den Butter zergehen lassen und ohne Hitze das Mehl dazumischen. Langsam Milch dazugeben und ständig rühren. Den Pfefferwein darunterziehen und 5 Min. auf kleinem Feuer unter ständigem Rühren kochen lassen.

PILZSAUCE

2-3 T. feingeschnittene Pilze
2-3 reife Tomaten
1 Bündel feingehackte Petersilie
2 El. Butter
Salz, Pfeffer, Öl, Knoblauch

Petersilie und Knoblauch feingeschnitten in Butter und ein wenig Öl andünsten. Die Pilze dazugeben, salzen und pfeffern und 10 Min. kochen lassen. Die feingeschnittenen Tomaten hinzufügen und nochmals etwa 20 Min. kochen lassen.

Lasagne

500 g Nudelteig (siehe Rezept Seite 32)
2-3 Tassen Bechamelsauce (siehe umseitig)
2-3 Tassen Tomatensauce (siehe Rezept Seite 36)

In einer feuerfesten gebutterten

Form eine dünne Schicht Tomatensauce geben. Eine 1-2 mm dicke Teigplatte darüberlegen, eine Lage Bechamelsauce darüberstreichen, dann wieder Teig, Tomatensauce, Teig usw. Zuoberst sollte Bechamelsauce mit etwas geriebenen Käse sein. Das ganze 20 Min. im Ofen backen

Bechamelsauce

2 El. Butter
3 El. Mehl
1-2 T. Milch
Salz, Pfeffer, Muskatnuß

Den Butter in einem Pfännchen zergehen lassen und von der Hitze nehmen. Das Mehl daruntermischen und langsam die Milch dazugeben. Dauernd rühren. Das Pfännchen nochmals leicht erhitzen würzen und gut rühren, damit sich keine Knöllchen bilden.

Spinatravioli

600 g Nudelteig (siehe Rezept Seite 32)
1 T. Quark (Topfen)
1 T. Spinat od. Brennesseln (Lattich, Krautstiel, Mangold, Vogelmiere, ausgeschossener Kopfsalat usw.)
1 T. Parmesan
Muskatnuß, Salz, Pfeffer, Basilikum

Für die Füllung wird das Gemüse in Salzwasser gar gekocht und anschließend mit einem Wiegemesser fein geschnitten. Dies wird mit dem Quark, dem Parmesan und den Gewürzen gut vermischt. (Das Mischungsverhältnis kann nach Belieben geändert werden).

Den Teig wird in 1-2 mm dicke Platten ausgewalkt. In einem Abstand von ca. 7cm wird die Füllung löffelweise auf den Teig gelegt und mit einer zweiten Teigplatte zugedeckt. Streifenweise werden die Ravioli nun ausgeschnitten und der Rand gut mit einer Gabel zusammengedrückt. Die Ravioli werden in Salzwasser gar gekocht oder mit einer reichlich flüssigen Sauce im Ofen gebacken (siehe Nudelsaucen).

Upma

3 T. Grieß (grobes Vollkornmehl)
5 T. Wasser
1 Tomate

Ingwer	Salz
Curry	Curry-leaves
Pfeffer	Gewürznelken
Chilli	Senfkörner
Butterschmalz	Zitronensaft

In einer Pfanne darren wir den Grieß ohne Fett unter ständigem Rühren (bis er körnig rieslig ist). In einer anderen Pfanne rösten wir inzwischen im Butterschmalz die Gewürze, geben die kleingeschnittene Tomate hinzu und kurz darauf das Wasser. Dies bringen wir zum Kochen und rühren langsam den gerösteten (gedarrten) Grieß dazu und dann noch den Zitronensaft. Auf kleiner Flamme lassen wir das Upma leicht kochen, bis es fest zu werden beginnt und dann zugedeckt etwa 1/4 Std ziehen. Vor dem Servieren können wir noch etwas Butter darübergeben.

Halva

3 T. Grieß (od. grobes Vollkornmehl, Weizen)
2 - 4 El. Butter (Butterschmalz)
2 T. Milch
2 T. Wasser
3/4 T. Zucker (4 El. Honig)
Rosinen Haselnüsse Kardamom

Wir darren den Grieß zuerst in der Pfanne. In einer anderen Pfanne erwärmen wir den Butter, rösten darin die Rosinen und Nüsse an und geben das Wasser und die Milch dazu. Dies bringen wir zum Kochen und rühren dann den gedarrten Grieß langsam dazu. Wir lassen den Brei unter ständigem Rühren auf dem Feuer, bis er fest zu werden beginnt und gießen das Halva anschließend in eine mit kaltem Wasser ausgespülte Schüssel oder Form, wo wir es erkalten lassen. Dieses Halva wird kalt gegessen.

Grießknödel

2 T. Grieß
1 Ei *
3 El. Butter
Salz, Pfeffer, Muskatnuß
Wasser

Wir kochen den Grieß im Wasser zu einer festen Masse. Das Ei rühren wir mit dem Butter und den Gewürzen schaumig und geben dann den etwas erkalteten Grießbrei dazu. Aus dieser Masse formen wir Knödel und kochen sie in Salzwasser (nicht zu heftig kochen, sonst könnten sie zerfallen).

Mehlmus

1 1/2 l Milch
1 1/4 T. Mehl
Salz, Butter

Wir verrühren das Mehl mit der kalten Milch gut (es dürfen keine Knollen dabei sein), geben eine Prise Salz dazu, bringen das Mus zum Kochen und lassen es auf kleiner Flamme unter häufigem Rühren etwa 10 Min. kochen.
Zum Schluß streuen wir Butterflocken darüber und warten bis sie vergangen sind.
Noch besser schmeckt das Mehlmus mit Rosinen. Wem es zu wenig süß ist, der kann mit Honig süßen. Ist auch mit etwas Zimt sehr gut.

Grießmus

1 1/2 T. Milch
ca 1 T. Grieß
Salz, Butter

Wir bringen die mit einer Prise Salz gewürzte Milch zum Kochen und schütten ganz langsam unter stetem Rühren den Grieß dazu. Nun lassen wir das Mus etwa 8 Min. kochen, geben Butterflocken darüber und servieren.

Capuns

300 g Mehl
2 Eier * (Milch + Soyamehl)
1 1/2 dl. Milch
Salz
Rosinen
100 g Weizenbrot
2 Zwiebeln
Gewürzkräuter nach Belieben
40 Blätter Schnittmangold
Parmesan, Butter

Mehl, Salz, Eier, Milch und Rosinen zu einem Teig verrühren. Brot, Zwiebeln und Gewürze zusammen dämpfen und zum Teig rühren. Diese Masse auf die Mangoldblätter verteilen, darin einwickeln, mit Zahnstocher die Blätter zusammenstecken und ca. 20 Min. in kochendem Wasser sieden. Mit Parmesan, Butter und Gewürzkräutern servieren.

Mit vielem hält man Haus,
mit wenig kommt man auch aus.

Altes Sprichwort

Kaiserschmarren

nicht nur für Kaiser ist der Sch.....

1/4 kg Mehl
1/4 l Milch (oder Rahm)
1 Ei * (Rahm oder Milch)
Salz, Zucker
Butter - zum Rösten

Wir verrühren die Zutaten zu einem Teig, füllen ihn in eine feuerfeste Form und backen ihn zuerst im Backrohr bei mäßiger Hitze etwa 1/2 Std. lang. Den gebackenen Teig zerschneiden wir in Stücke und rösten sie in einer Pfanne im Butter goldbraun.

Brennsterz

aus der grünen Steiermark

3 T. Mehl
1 1/2 T. kochendes Wasser
Salz
Butter (Öl)

Das Mehl verarbeiten wir mit dem Wasser und Salz zu einem bröseligen Teig und rösten ihn in einer Bratpfanne mit Butter (Öl) golden. Dabei zerkleinern und wenden wir die Stückchen mit einer Bratschaufel.

Grießauflauf

1l. Milch
gut 1 T. Grieß
Zucker,
Nüße, Rosinen
Butter
Zimt, Vanillezucker
1 Ei * (Milch)

Aus der Milch und dem Grieß kochen wir einen dicken Grießbrei und lassen ihn abkühlen. Wenn wir Eier verwenden, trennen wir Dotter und Eiweiß. Das Eiweiß schlagen wir zu Schnee, den Dotter mischen wir gleich zusammen mit den anderen Zutaten zum Grießbrei. Wenn wir alles gut gemischt haben ziehen wir sanft den Schnee darunter, füllen das Ganze in eine feuerfeste Form und backen den Auflauf etwa 1/2 Std. im Ofen bei mäßiger Hitze.

Zopf

1kg Mehl
3dl Milch
20g Hefe
1 Ei *
3 El. Butter, Zucker, Salz

Wir geben das Mehl in eine Schüssel, machen eine kleine Mulde ins Mehl und schütten die in etwas Milch aufgelöste Hefe in die Mulde. Etwa 15 Min. lassen wir den Teig (Vorteig) an der Wärme stehen. In der Zwischenzeit verrühren wir das Ei, geschmolzenen Butter, Zucker und wenig Salz miteinander. Diese Mischung kneten wir zum Vorteig dazu, sobald dieser genug gegangen ist. Wir kneten solange, bis sich Blasen bilden und lassen den Teig dann etwa 2 Std. an der Wärme gehen.

Wenn der Teig gegangen ist rollen wir ihn zu 3 etwa 5 cm dicken konischen Schlangen aus, drücken sie am Ende gut zusammen, und bilden einen Zopf daraus. Den Zopf bestreichen wir mit Kaffeewasser (gibt eine schöne braune Oberfläche), lassen ihn nocheinmal etwas gehen und backen ihn im Ofen bei mäßiger Hitze etwa 3/4 Std. lang. Der Zopf ist fertig gebacken, wenn er oben und unten beim Draufklopfen leicht hohl klingt.

Zwieback (Zweiback)

1kg Mehl
Milch (od. halb Milch / halb Wasser)
200 g Butter
30 g Hefe
Salz

Wir verfahren wie unter Hefebrot (Seite 17) beschrieben, nur arbeiten wir beim Kneten noch den Butter unter den Teig und verwenden Milch statt Wasser.
Wir backen das Brot in einer rechteckigen Form und nehmen es gleich aus der Form, sobald es gebacken ist. Wenn es etwas abgekühlt ist schneiden wir es in normale Brotscheiben, legen diese auf ein flaches Blech und backen sie nocheinmal in der Resthitze des Backrohrs. Wenn dies nicht mehr genügt, daß der Zwieback ganz trocken wird, heizen wir nocheinmal auf kleinster Hitze ein.

Sonnenbrot

Gekeimte Weizenkörner werden durch den Fleischwolf gedreht (Mörser, Mixer etc..), Fladen geformt und auf einem Rost der Sonne ausgesetzt, bis sie knusprig trocken sind, und voll Sonnenenergie.

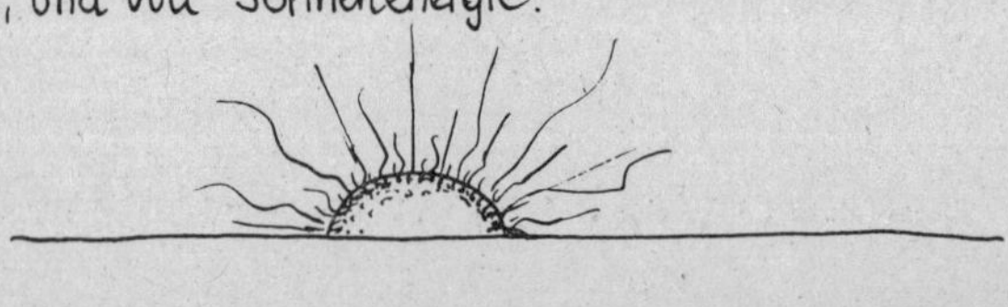

Brezel

8 T. Mehl
2 T. Wasser handwarm
200 g Butter
30 g Hefe
Gewürze nach Belieben

Wir lösen die Hefe in handwarmem Wasser auf, schütten sie mit dem Rest des Wasser zum Mehl und kneten daraus einen Teig, den wir anschließend an der Wärme gehen lassen. Wenn der Teig gut gegangen ist kneten wir den Butter und die Gewürze dazu, formen Brezel oder was uns sonst gefällt und legen sie auf ein Blech. Sobald sie etwas aufgegangen sind, backen wir sie bei mittlerer Hitze.
Durch verschiedene Gewürze können wir die Brezel auf viele Arten variieren. Schon ganz leicht gesalzen schmecken sie sehr gut. Sonst haben wir auch schon Pfeffer, Chilli, Paprika, Curry usw. zum Würzen genommen. Oder wir machen sie süß mit Zucker oder Honig, Feigenmasse, Datteln, mit Rosinen usw.
Die Phantasie kennt keine Grenzen.

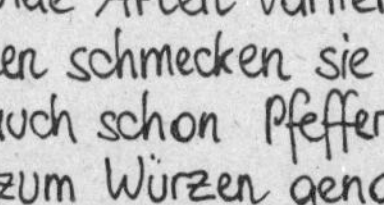

Sesamringe

Wir bereiten einen Brezelteig wie vorher beschrieben. Anstatt dem Butter nehmen wir Sesamöl und wer will kann mit dem Öl noch ein Ei zum Teig kneten. Aus dem Teig formen wir etwa 15 cm große Ringe, tauchen sie in etwas Milch, Ei oder Öl und bestreuen sie gut mit Sesam, den wir gut andrücken, damit er sich später nicht löst. Die Ringe backen wir im Ofen oder wir können sie auch fritieren.

Houiglebkuchen

- 1/2 kg Honig
- 1/4 kg Zucker
- 1/4 kg Mandeln zerhackt
- 60 g Zitronat
- ungespritzte Zitronenschale
- 1 Tl. Zimtpulver
- 1 Tl. Nelkenpulver
- 1 Tl. Cardomom
- 3/4 kg Mehl

In einer Schüssel vermengen wir die Gewürze mit Zucker, Mandeln und Zitronat, gießen den erhitzten Honig darüber und verrühren alles gut miteinder. Nach und nach arbeiten wir das Mehl darunter und kneten den Teig dann gut durch. Anschließend walken wir ihn etwa 1cm dick aus und stechen oder schneiden die gewünschten Formen aus, verzieren sie mit geschälten, halbierten Mandeln, legen sie auf ein Backblech und backen sie bei mäßiger Hitze etwa 20-30 Min. Lebkuchen sind am besten, wenn sie einige Wochen in einem dicht verschließbaren Gefäß gelagert werden, bis sie ganz weich sind.

Besonderer Lagerungstip: Wir veringern die Wartezeit und schließen einen halben rohen Apfel mit ins Gefäß ein, kühl lagern.

Linzer Torte

1/2 kg Mehl
1T. geriebene Mandeln
1/8 kg Butter
1 Ei * (Milch od. Rahm)
Marmelade, Powidl oder Latwerge

Aus den Zutaten (außer Marmelade) kneten wir einen festen Teig und geben noch etwas Wasser oder Milch dazu, wenn er zu trocken ist. Mit 2/3 des Teiges füllen wir ein rundes Backblech etwa 1 1/2 cm dick. Aus dem Rest des Teiges formen wir etwa 1cm dicke Schlangen. Eine davon legen wir ringsum am Rand auf den Teig. Darauf bestreichen wir den Teig 1 1/2 cm dick mit Marmelade und bilden mit den restlichen Teigschlangen ein Gitter über der

Marmelade. Bei mittlerer Hitze backen wir die Linzertorte etwa 30 Min.
Wer will, kann den Teig natürchlich auch noch süßen oder mit Zimt verbessern.

Marmorkuchen

1/2 kg Mehl feingesiebt
1/4 kg Butter
2 T. Milch
1 Backpulver *
1 Ei * (Soyamehl + Milch)
Zucker, Zitronensaft
3 El. Kakao

Wir verkneten alle Zutaten außer Kakao zu einem Teig und teilen diesen in 2 gleich große Teile. Zu einer Hälfte mischen wir den Kakao dazu. Dann geben wir die beiden Teighälften abwechslungsweise in eine gebutterte Kuchenform. (eventuell leicht untereinanderziehen), so daß eine schöne Marmorierung entsteht. Der Kuchen wird im vorgeheizten Backrohr bei guter Hitze etwa 3/4 Std gebacken.

Vanillehörnchen

1/4 kg Mehl
1/4 kg Butter
1/2 T. Honig od. Zucker
1 El. Soyamehl
1 T. Haselnüsse gemahlen
2 El. Vanillezucker

Wir rühren Butter, Zucker und Vanillezucker miteinander schaumig, geben Nüsse, Mehl und Soyamehl dazu, kneten den Teig gut durch und formen Halbmonde daraus, die wir bei mäßiger Hitze im Backrohr etwa 10 Min. backen.

Ladu

1/2 kg Grieß
1 T. feines Mehl
1/4 l heißes Wasser
1/4 kg Zucker
1/4 kg Mandeln
1 Tl. Gelbpulver
Backfett

Wir formen aus Grieß, Mehl und

Wasser einen festen Teig, formen daraus Kugeln von etwa 3cm Durchmesser, drücken sie mit den Fingern ringsum etwas ein und fritieren sie in heißem Fett, Butterschmalz oder Öl. Sobald die Kugeln kalt sind zerbröseln wir sie mit der Hand und mischen sie mit Zucker, Mandeln und Gelbpulver. Aus dieser Masse formen wir wieder Kugeln (von ungefähr 3cm Ø) und servieren sie.

Nußkuchen

- 1/4 kg Haselnüsse gemahlen
- 1/4 kg Mandeln gemahlen
- 1/2 l Rahm
- 1/2 T. Zucker od. Honig
- 1 El. Kakao
- 2 T. Mehl

Wir vermischen Nüsse, Mandeln, Rahm, Zucker und Kakao gut miteinander und kneten das Mehl dazu. Diese Masse füllen wir in eine gefettete Form und backen sie bei mittlerer Hitze etwa 30-40 Minuten.

Königskuchen

läßt sich lange lagern

250 g Mehl
2 Eiweiß
250 g Butter
250 g Zucker
2 Eigelb
15 g Bittermandeln geschält und gerieben
Zitronenschale

Die Eiweiß schaumig schlagen und mit dem Mehl vermischen. Butter schaumig rühren, dann die anderen Zutaten dazurühren, alles vermischen, in eine Form geben und bei guter Hitze backen.

Ingwergüezli

250 g Mehl
100 g Zucker
100 g Butter
1 Ei * (einige El. Milch od. Rahm)
1 El. Honig
Ingwerpulver 1 1/2 El. oder kandierte Ingwerstücke
Zimt, Zitrone
80 g Mandeln

alles zusammengeben und 1-2 Std kaltstellen. Dann auf ein bißchen Mehl 2 mm dick auswalken und in Streifen schneiden. Bei guter Hitze backen.

Krapfen

1/2 kg Mehl
15 g Hefe
Wasser oder Milch
Zitronenschale, Rum (ganz wenig) *
Marmelade

Aus dem halben Mehl, Hefe und Wasser bereiten wir einen festen Hefeteig und lassen ihn gehen. Wenn er gut gegangen ist kneten wir das restliche Mehl, Rum + Zitronenschale dazu und geben soviel Wasser bei, daß der Teig am Schluß schön fest ist. Dann walken wir ihn auf einer bemehlten Unterlage etwa 1/2 cm dick aus und stechen mit einem großen Glas oder ähnlichem Kreise (etwa 7 cm Durchmesser) aus. Auf die Hälfte der Kreise geben wir einen Tl. Marmelade und legen darauf einen anderen Kreis. Mit einer etwas kleineren Form (Glas) stechen wir noch einmal das Ganze aus, dadurch verbinden sich die beiden Teigplatten gut. Jetzt lassen wir die Krapfen an der Wärme gut gehen und fritieren sie dann in heißem Backfett. Wenn sie darin hochsteigen, drehen wir sie im Fett, damit sie ringsum gut gebraten sind, nehmen sie dann heraus und lassen sie abtropfen.

Bulgur

Bulgur ist vorgekochter Hartweizenschrot (Hartweizengrütze) und wird vor allem in den arabischen Ländern viel gegessen. Erhältlich ist er zum Teil in Naturkostläden (biologischer Bulgur), sonst aber in jedem Laden, der eine Ecke mit Lebensmittel für Türken hat.
Wir können aus Hartweizen auch selbst Bulgur bereiten. Dazu kochen wir den Hartweizen 2-3 Std. lang, legen ihn zum Trocknen an der Sonne aus und schroten ihn in einer Mühle ganz grob, sobald er völlig trocken ist.
Im Prinzip können wir Bulgur wie Reis verwenden, nur die Kochzeit ist kürzer. Hier einige Rezepte, ansonsten kannst du die Reisrezepte benützen.

Bulgur einfach

2 1/2 T. Bulgur
5 T. Wasser
Salz

Wir bringen das gesalzene Wasser zum Kochen und geben den Bulgur dazu, sobald das Wasser richtig kocht. Auf ganz kleiner Flamme lassen wir den Bulgur dann etwa 20-30 Minuten kochen.

Bulgur türkisch

2 ½ T. Bulgur
4 ½ T. Wasser
2 Tomaten
1 Paprika
Salz, Pfeffer
Butter oder Olivenöl

Wir rösten im Butter die Gewürze und kleingeschnittenen Tomaten und Paprika an, geben das Wasser dazu und bringen es zum kochen. Sobald es siedet fügen wir den Bulgur bei und lassen das ganze auf kleiner Flamme etwa 30 Min. kochen <u>ohne umzurühren.</u> Zum Schluß können wir noch etwas Butter darübergeben.

Blumenkohlbulgur

2 T. Bulgur
3½ T. Wasser
½ Blumenkohl
1 T. Erbsen
½ Paprika
1 Tomate
Senfkörner, Curry, Chilli, Pfeffer, Salz, Öl

Wir rösten die Gewürze im Öl, geben das kleingeschnittene Gemüse dazu und lassen es unter ständigem Rühren etwas dünsten, bevor wir das Wasser dazuschütten.

 Auf mittlerer Flamme lassen wir das Ganze etwa 10 Min lang kochen und geben den Bulgur dazu. Noch 20 - 30 Min. auf ganz kleiner Flamme kochen lassen und wir können den Bulgur servieren. 
Auf diese Art können wir Gemüsebulgur mit jedem beliebigen Gemüse machen. Weiches Gemüse zusammen mit dem Bulgur in den Topf geben, härteres Gemüse entsprechend früher.

Haferflockenguezli

150 g Butter
150 g Zucker
2 El. Kakao
1 1/2 dl Milch
300 g Haferflocken
300 g Mehl
1/2 Backpulver
Salz, Zitronenschale, Vanillezucker

Alles gut zu einem Teig verarbeiten und eine halbe Stunde ruhen lassen. Dann den Teig dünn auswalken, in kleine Rechtecke schneiden und auf ein gefettetes Blech legen. Bei mittlerer Hitze im vorgewärmten Ofen 10-15 Min. backen. Es ist möglich, die Guezli mit Marmeladeaufstrich zu krönen!

Einfacher Vollkornreis

2 T. Reis
4-5 T. Wasser
Salz

Die genaue Wassermenge hängt vom verwendeten Reis und der Kochstelle ab. Du wirst selbst herausfinden, wieviel Wasser du brauchst.

1. Möglichkeit:

Wir bringen das gesalzene Wasser zum Kochen und schütten den Reis dazu. Dann decken wir den Topf zu und stellen gleich die Hitze zurück, so daß das Wasser nur ganz wenig kocht. Es sollten sich dabei nur leichte Blasen auf der Oberfläche bilden. Der Reis darf nicht umgerührt werden. Nach etwa 3/4 Std. nehmen wir den Reis vom Feuer und lassen ihn an einem warmen Platz noch etwa 10 Min. ziehen. Wenn er noch ziemlich feucht ist, lassen wir dabei den Topf offen.

2. Möglichkeit:

Wir rösten den Reis in etwas Butter an, löschen mit dem Wasser und salzen. Sobald das Wasser anfängt zu kochen, stellen wir die Hitze zurück und kochen den Reis wie oben beschrieben.

Tip für Feinschmecker:

Wir können dem Reis 2 Gewürznelken beigeben, oder zum Schluß mit wenig Miso abschmecken.

Curry-Reis

2T. Reis
4-5T. Wasser
2El. Curry
Salz, Chilli, Nelken
Butterschmalz

Wir rösten die Gewürze im Butterschmalz an, geben den Reis dazu, rösten noch kurz weiter und löschen mit dem Wasser. Den Reis weiterkochen wie unter Reis einfach beschrieben.

Biryani

2T. Reis
1 Tomate
3 Karotten
1 Kartoffel
Nüsse, Rosinen
Nelken, Curry, Senfkörner, Salz
4T. Wasser
Butterschmalz

Wir rösten in Butterschmalz die Gewürze, Rosinen und Nüsse an, geben den Reis und das feingeschnittene Gemüse dazu, dünsten das ganze kurz und schütten dann das Wasser dazu. Sobald das Wasser richtig kocht stellen wir die Flamme zurück, so daß es nur noch leicht weiterkocht bis der Reis gar ist.

Risotto

2 T. Reis
1/2 T. Zwiebeln
3 Knoblauchzehen
1 T. geriebener Käse
4 T. Gemüsebrühe
Pilze * (wenn vorhanden)
Lorbeerblätter, Nelken, Salz, Öl
Weißwein od. Essig

Reis, Zwiebeln und Knoblauch fein gehackt in Öl andünsten und nach Belieben mit etwas Weißwein od. Essig löschen. Anschließend etwas von der Gemüsebrühe, den Käse, die Gewürze und wenn vorhanden die Pilze dazugeben. Häufig rühren und Brühe dazugeben, so daß der Reis immer feucht bleibt. Solange kochen, bis der Reis gerade noch etwas knackig ist und sahnig aussieht.

Zitronenreis

2 T. Reis
2 El. Butter
2 Eier * (etwas Milch od. Rahm)
1/2 T. Rahm oder Milch
2 El. Zitronensaft
1. T. geriebener Käse

Reis in genügend Wasser (4-5 l)

gar kochen. Das Wasser in einem Sieb abtropfen lassen. Den Butter bei schwacher Hitze im Topf zergehen lassen und den Reis dazugeben. In einer Schüssel die Eier gut schlagen und Milch, Käse und Zitronensaft darunter mischen. Diese Mischung unter den Reis ziehen und etwa 4 Min. unter vorsichtigem Rühren auf schwacher Hitze kochen lassen. Der Zitronenreis schmeckt am besten, solange der Reis noch sahnig ist.

Apfelreis

6 T. gekochten Reis
3/4 kg Äpfel
Zimt, Rosinen
Butter

Wir schneiden die Äpfel in 4 Stücke, entfernen das Kerngehäuse, schneiden die Apfelstücke nocheinmal in die Hälfte und dünsten sie im Butter. Dann geben wir den Zimt und die Rosinen dazu und vermischen die Äpfel mit dem noch warmen Reis. Der Apfelreis kann nach Belieben mit Honig gesüßt werden.
Auf die selbe Art können wir aus Birnen einen sehr guten Birnenreis herstellen.

Safranreis

2 T. Reis
4 T. Gemüsebrühe
1/4 T. Zwiebel feingehackt
1 T. Weißwein od. verdünnter Essig
2 El. Butter
1/2 T. geriebener Käse
1/4 Tl. Safran

Butter im Topf zergehen lassen, Zwiebel glasig werden lassen und den Reis dazugeben. Bald darauf mit dem Wein löschen. Unter häufigem Rühren nach und nach die Gemüsebrühe dazugeben. Den Safran in einer Tasse Gemüsebrühe einweichen lassen und ebenfalls zum Reis geben. Der Reis sollte weich und sahnig werden.

Maronireis

2T. Reis
1/2T. geschälte, gekochte Maronen-(echte Kastanien)
4-5 T. Wasser
Salz

Wir bereiten den Reis nach einem der beiden vorher beschriebenen Rezepten und geben die kleingeschnittenen Maroni zugleich mit dem Reis bei.
(Man kann auch die eingeweichten Kastanien schneiden, und dem Reis beim Kochen beifügen)

Reisfladen

3 T. gekochten Reis (z.B. Risottoresten)
1 El. Mehl
1 Ei * (etwas Milch)
Rosmarin, Mayoran, Oregano, Pfeffer, Mußkatnuß
Salz, Butter

Das Ei mit einer Gabel gut schlagen, mit dem Reis und Mehl gut vermischen und nach Belieben würzen. Etwas Butter in einer Bratpfanne erwärmen, die Reismasse in der Bratpfanne etwa 1cm dick ausstreichen und beidseitig knusprig braten.

Suppli

gefüllte Reiskugeln

4 T. gekochter Reis (z.B. von Resten)
1/2 T. Käse, leicht schmelzbar
1/2 T. feine Brösel (Paniermehl)

Man nimmt einen großen Suppenlöffel, füllt ihn gestrichen voll mit Reis und drückt einen Kaffeelöffel voll von dem in kleine Stücke geschnittenen Käse darauf. Dann füllt man einen zweiten Suppenlöffel voll Reis und preßt ihn auf den ersten Würfel, so daß der Käse vom Reis umhüllt ist. Die entstandene Kugel wird im Paniermehl gedreht und anschließend in viel Öl knusprig gebraten oder fritiert.

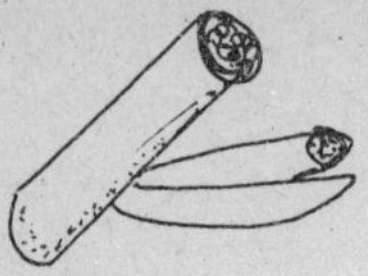

Dosha

3T. Reis
1T. Urd-Dhal (grüne Soyabohne)
1 El. Joghurt
Salz, Butterschmalz

Wir weichen den Reis und Dhal einige Stunden lang in warmes Wasser ein, schütten einen Teil vom Wasser ab, und bereiten aus Reis und Dhal möglichst einen feinen Brei mit einem großen Mörser oder einem Mixer. Anschließend mischen wir das Yoghurt und Salz dazu. Der Teig sollte so flüssig sein wie ein Omletten-Teig, wenn nötig geben wir noch etwas Wasser hinzu. Diesen Teig lassen wir mindestens einige Stunden (am besten über Nacht) an der Wärme stehen. Die Doshas werden wie Omlett in einer Pfanne mit heißem Butterschmalz gebraten, die Fladen sollten 2 mm dick werden. Wir servieren sie mit einem scharfen Chutney.

Masala-Dosha

Masala (= Füllung)
8 gekochte Kartoffeln
1 Zwiebel
Curry, Senfkörner, Chilli, Salz, Butter

Dosha:
wie oben

Wir bereiten die Doshas wie oben beschrieben. Bevor wir sie braten, machen wir die Füllung: In einer Pfanne rösten wir im Butter die Gewürze, geben die kleingewürfelten Kartoffeln, die zerhackten Zwiebeln und das Salz dazu

und rösten unter ständigem Rühren noch eine Weile. Diese noch warme Masala geben wir auf die gebratenen Doshas und klappen sie in der Hälfte zusammen.
Zu den Doshas wird meist Chutney serviert. Zu der Füllung können wir auch noch andere passende gekochte Gemüse (z.B. Kürbis oder Erbsen oder Linsen) geben.

Puffreis-Sweetballs

3T. Puffreis
1/2T. Kokosflocken
Zucker, Milch
Rosinen, Kardamom

Wir mischen alle Zutaten miteinander und geben soviel Milch dazu, daß der Puffreis sich damit vollsaugen kann. Wenn er sich dies nach einiger Zeit hat (eventuell noch etwas Milch dazugeben), formen wir kleine Kugeln.

Milchreis

1T. Reis
2T. Milch
1/2T. Wasser
Rosinen, Zimt, Salz
Butter,
Zucker od Honig

In einem Topf erwärmen wir Milch mit etwas Salz und geben den Reis dazu, sobald es kocht. Etwa 10 Min. lassen wir das Ganze stark kochen, stellen dann die Hitze zurück, fügen Rosinen und Zimt bei und lassen es auf ganz kleiner Flamme etwa 1/2 Std weiterkochen. Zum Schluß geben wir etwas Butter darüber und süßen den Milchreis.

Payasam

das Festessen armer indischer Kinder

1 T. Reis roh (oder 3T. gekochter Reis)
2 L. Wasser
1/2 T. Kokosflocken (od. frische Kokosnuß geraspelt)
1 Zimtstange
1 T. brauner Zucker od. Melasse
1 El. Kardamomsamen gemahlen od. gemörsert

Wir kochen den Reis im Wasser auf starker

Flamme etwa 1Std. lang bis er anfängt sich aufzulösen, dann geben wir die anderen Zutaten dazu und lassen den Brei noch etwa 10 Min. lang kochen, wobei wir öfter umrühren.
Wir können zum Payasam auch noch Nüsse, Rosinen usw. dazugeben, dies verfeinert den Geschmack.
Payasam sollte süß sein, in Indien ist er picksüß.
(Na da kann sich der Zahnarzt freuen)

Reiskheer

1 T. Reis
1 l. Milch
1/2 l. Wasser
1/2 T. Zucker od. Honig
1/2 T. Rosinen
1/2 T. Nüsse gemahlen,
Safran, Kardamom gemahlen
Butterschmalz od. Butter

Wir rösten die Rosinen und Nüsse im Butterschmalz an, geben den Reis dazu und löschen dann mit Milch und Wasser. Den Zucker (Honig) fügen wir auch gleich bei. Jetzt lassen wir den Kheer auf kleiner Flamme 1/2 - 3/4 Std kochen und geben zum Schluß den Safran dazu.
Statt Reis können wir für Kheer auch Grieß, Nudeln oder Sago verwenden.

Maiskolben gekocht

ganz einfach .... herrlich

Wir kochen die gewünschte Anzahl frischer, milchreifer Maiskolben in Salzwasser etwa 1/2 bis 3/4 Std. lang. Wenn sie weich sind nehmen wir sie aus dem Wasser, geben etwas Butter darüber und nagen die Körner vom Kolben.

Ja, so einfach .... und so gut.

Für gekochte Maiskolben können wir Zuckermais oder auch ganz gewöhnlichen Mais verwenden. Beim gewöhnlichen Mais müssen wir nur darauf achten, daß er nicht zu reif ist. Eine besondere Delikatesse sind Kolben von Zuckermais, die die Körner erst ausbilden. Hier kann der ganze Kolben gegessen werden.

Maiskolben geröstet

Diese Delikatesse gibt es zur Erntezeit in Indien an jeder Straßenecke um ein paar Groschen (Pfennige, Rappen) zu kaufen. Die Herstellung ist einfach. Wir rösten milchreife Maiskolben auf einem Holzkohlenfeuer ringsum und schon ist das Gericht fertig.

Ribl

1½ T. Maisgrieß
3/4 T. Weizengrieß
1½ T. Wasser
1½ T. Milch
Butter, Salz

Wir bringen Milch, Wasser, Butter und Salz zum Kochen und rühren mit einem Kochlöffel oder Schneebesen den Grieß langsam in die kochende Flüßigkeit. Auf kleiner Flamme lassen wir es etwa 5. Min. kochen und rühren fortwährend. Auf der Restwärme des ausgeschalteten Herdes (bei Gasherd auf allerkleinster Flamme) den Brei noch ziehen lassen bis er ziemlich fest ist. Dann stellen wir ihn kühl.
Erst wenn die Masse kalt ist können wir den Ribl braten. Dazu erwärmen wir Butter in einer Bratpfanne und geben die zerkleinerte Masse hinein. Auf kleiner Flamme wird der Ribl nun gebraten und zwischendurch immer wieder umgedreht und kleingestoßen. Bei Bedarf geben wir wieder etwas Butter dazu. (Wer keine große Bratpfanne hat, räskt die Riblmasse unter 3-4 x, das geht dann schneller mit dem Bräunen) Wir müssen aufpassen, daß der Ribl nicht anbratet. Am Besten wird der Ribl, wenn wir ihn auf kleiner Flamme braten, so daß der Bratvorgang etwa 1Std dauert.
Beim ersten Versuch wird der Ribl wahrscheinlich noch nicht so ganz richtig (meinen Ribleingeweihte). Wichtig ist das Verhältnis von Grieß zu Wasser. Ist der Ribl feucht, läßt er sich nur sehr schlecht braten. Wenn er zu trocken ist, dann stäubt es. Sehr gut zum Ribl schmeckt Kaffee oder Kompott.

Ondranand

Ist der Lustenauer Dialekt-Ausdruck für Untereinander. Diese Lustenauer Spezialität ist ein Untereinander von Ribl und Rösti und im Zeitalter des Fleischkonsums leider schon fast in Vergessenheit geraten.
Wir kochen halb so viel Ribl ein wie im Rezept vorher angegeben. Zum Braten geben wir den Ribl dann zusammen mit gekochten und in Scheiben geschnittenen Kartoffeln in die Pfanne und braten beides miteinander vermischt. Mit Milch oder Kaffee am Abend servieren.

Der beste Weg zur Gesundheit ist, alle Deine Befürchtungen, Ängste, Komplexe, unnötigen Wünsche aufzugeben, und andererseits Dich so viel wie möglich zu bewegen, gesunde Speise zu Dir zu nehmen, und zwar mit grosser Freude im Herzen. Deine Speise ist nutzlos und kann weder verdaut noch richtig verarbeitet werden vom menschlichen Körper, ohne dass Dein Herz voller Freude und voll inneren Glückes ist. Und inneres Glück rührt von den Gedanken und Gefühlen und der Freude her, daß Du gesegnet bist, daß Gott Dich mit den Lebensbedingungen, in denen Du Dich befindest, beschenkt hat, und daß diese Bedingungen das beste und größte Geschenk von Gott für Dich darstellen im Hinblick auf Deinen geistigen Fortschritt; wie auch immer diese Bedingungen sein mögen, sei dankbar dafür

Swami Omkarananda

Polenta

Es gibt die verschiedensten Arten von Polentamehl bzw. Grieß. Polentamehl wird normalerweise aus einer speziellen Mais~sorte bereitet, jedoch können wir auch grobes Mehl oder Grieß von gewöhnlichem Mais verwenden. Je nach Art des Mehles bzw. Grieß ist das Verhältnis von Mehl zu Wasser verschieden. Außerdem gibt es zwei Arten, einfache Polenta zu bereiten. Bei der einen Art soll die Polenta einen dicken Brei ergeben (der allerdings nach mehreren Stunden auch ganz fest wird), bei der anderen Art muß die Polenta so fest werden, daß sie in eine Form abgefüllt und gestürzt werden kann. Mit etwas Fingerspitzengefühl wirst du schnell herausfinden, welches Verhältnis für deine Zwecke ideal ist.

200 - 400 g Maismehl bzw. Grieß
1L Wasser
Salz, Butter

Wir bringen Wasser, Salz und Butter zum Kochen und rühren dann langsam das Maismehl ein. Dann schalten wir gleich die Hitze zurück und lassen die Polenta auf kleinster Hitze langsam weiterkochen. Öfteres Umrühren ist erforderlich. Bevor die Polenta die gewünschte Dicke erreicht hat, nehmen wir sie vom Feuer und lassen sie noch eine Weile ziehen.
Eine breiige Polenta wird gleich angerichtet. Die feste Polenta wird (bevor sie ganz fest wird) in eine mit kaltem Wasser ausgespülte Form (am besten

Porzelanschüssel) gegeben, darin eine Weile stehen gelassen und dann auf einen flachen Teller gekippt und entweder noch warm oder auch kalt serviert. Aus dieser festen Polenta können verschiedene andere Gerichte zubereitet werden.

Maisschnitten gebraten

Polenta (resten)
Öl od. Butterschmalz

Wir bereiten entweder eine feste Polenta nach vorangegangenem Rezept oder verwenden Polentaresten. Die Polenta streichen wir etwa 2 cm dick auf eine gerade Unterlage (Backblech) und lassen sie gut erkalten. Dann schneiden wir sie in Rechtecke oder andere Formen und braten sie in Öl oder Butterschmalz auf beiden Seiten knusprig.

Maisbrot

3/4 kg Mais gemahlen
Wasser
Salz

Wir mischen zum Maismehl zuerst das Salz und dann soviel lauwarmes Wasser, daß ein relativ flüssiger Teig entsteht. Diesen füllen wir in eine Backform und backen ihn bei mittlerer Hitze etwa 40 Minuten.

Maisbrot sollte frisch verwendet werden, es kann sogar noch warm gegessen werden. Wenn es 1-2 Tage alt ist wird es trocken und staubig. Dann können wir z.B. gebratene Maisschnitten daraus machen. Maisbrot ist sehr schnell bereitet, du brauchst weder Hefe noch sonst ein Backhilfsmittel. Es ist deshalb der ideale Ersatz, wenn das Brot einmal überraschend ausgeht.

Maisbrot ~ süß

1/2 kg Maismehl
Milch
Rosinen
Zucker od. Honig
wenig Salz

Wir mischen die Zutaten alle zusammen, nehmen dabei soviel lauwarme Milch, daß ein ziemlich flüssiger Teig entsteht und backen das Brot im Ofen bei mittlerer Hitze bis es schön braun ist.

Maismus

bereiten wir aus feinem Maismehl nach demselben Rezept wie für Mehlmus (Seite 43).

Polenta Pasticciata

5-6 T. fest gekochte Polenta (siehe Seite 73)
3-4 T. Bechamelsauce (siehe Seite 39)
2-3 T. Pilze oder Auberginen feingeschn.
1/4 T. Reibkäse
1 Zwiebel feingesch.
Öl oder Butter
Salz, Pfeffer

Pilze (Auberginen) und Zwiebel im Öl andünsten und salzen u. pfeffern. Die Hälfte der Polenta in eine feuerfeste Schüssel streichen, darüber die halbe Pilzmischung ausbreiten und mit der halben Bechamelsauce bestreichen. Darüber den Rest der Polenta, dann die Pilzmischung und die Bechamelsauce. Zuoberst den geriebenen Käse streuen und im Ofen 20-30 Min. bei mittlerer Hitze backen. Beim Servieren in Quadrate schneiden und die Quadrate möglichst mit allen Schichten herausheben.

Käsepolenta

ca. 1/4 kg Maisgrieß
1 l Wasser
1 T. geriebener Käse
Salz, Butter

Wir bereiten die Polenta wie im Rezept

Seite 73 beschrieben. Sobald wir sie vom Feuer genommen haben füllen wir eine Lage in eine Schüssel, darüber streuen wir etwas Käse, darauf wieder eine Lage Polenta, wieder Käse usw. Dann lassen wir sie etwas stehen, bevor wir sie servieren.

Buchweizen - Crêpès

2 T. Wasser od. Milch
1 Ei * (Milch od. Rahm)
2 T. Buchweizenmehl
Salz

Die Zutaten mit einem Schneebesen zu einem flüssigen Teig verarbeiten und 15 Min. ruhen lassen. In einer Pfanne mit heißem Öl eine dünne Schicht vom Teig gießen und wie Omlett auf beiden Seiten braten.
Die Crêpès schmecken am Besten zu Gemüse und einer würzigen Sauce. Sie können aber auch süß (Marmelade, Zucker) gefüllt werden.

Die Übel, an denen wir leiden, sind heilbar; wenn wir uns davon befreien wollen, hilft uns die Natur selbst, denn wir sind zum Gesundsein geboren.

Seneca

Buchweizen

2T. Buchweizen
4T. Wasser
Salz

Wir bringen das gesalzene Wasser zum Kochen, geben den Buchweizen dazu und kochen ihn dann langsam auf kleinster Flamme bis er gar ist (ca 1/2 Std).
Eine andere Möglichkeit ist, den Buchweizen zuerst in Öl anzurösten, mit Wasser zu löschen, das Ganze zum Kochen bringen und sobald es kocht auf kleinste Flamme stellen und ganz leicht weiterkochen lassen, bis der Buchweizen durch ist.

Buchweizen geröstet

2T. Buchweizen
4T. Wasser
Salz, Curry, Mayoran, Zwiebeln, Knoblauch
Olivenöl

Zuerst kochen wir den Buchweizen in Salzwasser wie oben beschrieben. Dann rösten wir in einer Pfanne im heißen Olivenöl die Gewürze an und geben anschließend den gekochten Buchweizen dazu und rösten weiter, bis alles schön gebraten ist.

← Buchweizen in der Blüte

Hirse Grundrezept

1 1/2 T. Hirse
ca 6T. Wasser (je nach Hirseart)
Salz

Wir bringen das gesalzene Wasser zum Kochen, geben die Hirse hinein, sobald es kocht und lassen es auf kleiner Flamme weiterkochen bis die Hirse gar ist (ca. 20-30 Min.).

Dieses Grundrezept kann auf viele Arten abgewandelt werden. So können fast alle Reisrezepte auch für Hirse verwendet werden, wir müssen nur den unterschiedlichen Flüssigkeitsbedarf der Hirse berücksichtigen.

Hirsefrühstück

1 1/2 T. Hirse
3 T. Milch
ca 3T. Wasser
Rosinen, wenig Salz.

Wir bringen Wasser, Milch und Salz zum Kochen, geben die Rosinen und dann die Hirse dazu. Unter öfterem Umrühren kochen wir auf kleiner Flamme weiter bis die Hirse gar ist.

Das Hirsefrühstück servieren wir mit

Honig, Marmelade, Bowidl oder sonst etwas Passendem.

Hirseauflauf

2 T. Hirse
1 l Milch
1 Ei * (Rahm)
Zucker od. Honig
Rosinen und Nüße
Zimt, Kardamom, Vanille, Zitronenschale (unbehandelt) gerieben
Butter

Zuerst kochen wir die Hirse in der Milch weich und lassen sie abkühlen. Dann mischen wir die anderen Zutaten dazu (bei Verwendung v. Eiern trennen wir das Eiweiß, schlagen es und mischen es zuletzt dazu) geben alles in eine feuerfeste Form und backen den Auflauf im Ofen goldbraun (ca 1/2 Std).

Hirse-Tomaten-Auflauf

200 - 250 g Hirse
3 - 4 reife Tomaten
2 T. Reibkäse
1 l. Gemüsebrühe
Knoblauch, Oregano, Thymian, Rosmarin, Lorbeer, Pfeffer + Salz, Olivenöl

Die Tomaten mit den Gewürzen in etwas Olivenöl etwa 1/2 Std. auf kleiner Flamme zu einer wohlschmeckenden Sauce kochen. In der Zwischenzeit die Hirse in der Gemüsebrühe garkochen. Diese dann etwa daumendick in eine gebutterte feuerfeste Form streichen, darüber etwas von der Tomatensauce und darauf Reibkäse streuen. Wieder Hirse darauf und so weiter Schicht für Schicht. Zuoberst muß Tomatensauce und Käse sein. Die Form in den Ofen geben und bei mittlerer Hitze backen bis sich oben eine leichte Kruste bildet (15-20 Min.).

Aus Maisgrieß (Polenta) kann ebenfalls derselbe Auflauf bereitet werden.

Grünkern

Grünkern ist milchreif geernteter und auf einem Holzkohlenfeuer gedarrter Dinkel. Dinkel ist eine alte, heute fast nicht mehr angebaute Weizenart. Durch das Darren erhält der Grünkern seinen charakteristischen leichten Räuchergeschmack. Daher ideal für Leute, die den Fleischgeschmack nicht missen wollen.

3 T. Grünkern
3 1/2 T. Wasser
Salz, Lorbeerblätter, Mayoran, Thymian.

Wir setzen alle Zutaten kalt an, und lassen alles

etwa 10 Min. stark kochen, dann stellen wir die Hitze zurück und kochen das Ganze leicht weiter. Da Grünkern etwas hart und körnig bleibt, kochen wir nur, bis wir ihn gut zerkauen können.
Sehr gut ist der Grünkern auch, wenn wir etwas Gemüse mitkochen (Karotten, Kartoffeln .....)

Grünkernpaste

Ideal für Fleischesser, schmeckt wie Leberpastete)

1T. Grünkern
1 1/2 T. Wasser
1T. Olivenöl
Lorbeerblätter, Mayoran, Pfeffer Knoblauch
Salz

Zuerst kochen wir den Grünkern mit den Gewürzen bis er ziemlich weich ist. Dann rühren wir ihn in einem Mixer mit dem Öl zu einer cremigen Paste. Falls die Mischung zu dick ist (oder bevor der Mixer steckenbleibt) geben wir etwas Wasser dazu.
Diese Paste ist ein sehr guter Brotaufstrich. Sie kann im Kühlschrank oder an einem kühlen Platz gut verschlossen einige Zeit gelagert werden.

Gut gekaut ist halb verdaut.

Gemüse

Dhal-Sambar

indisches Gemüse zu Chapaties, Reis....

3/4 T. Linsen (oder Kichererbsen, gelbe Erbsen, Soyabohne)
2-3T. verschiedene Gemüse (Kartoffel, Karotten, Kürbis, Zucchetti, Rote Rüben, Auberginen usw....
1 Tomate, Saft von einer Zitrone
Salz, Pfeffer, Senfkörner, Curry, Chilli, Cumin, Koreander, Nelken.
Butterschmalz
1 1/4 l Wasser mit 1 El. Kichererbsenmehl od. Soyamehl verrührt

Zuerst rösten wir im Butterschmalz die Gewürze an, geben die feingeschnittene Tomate dazu, verrühren weiter bis die Tomate etwas weich ist und geben dann die feingewürfelten Gemüsestücke und die über Nacht eingeweichten Linsen dazu. Nach kurzem Dünsten löschen wir mit Wasser und lassen das Ganze auf mittlerer Hitze kochen bis das Gemüse gar ist (1/2- 3/4 Std). Wenn wir keine eingeweichten Linsen (oder Kichererbsen etc.) zur Verfügung haben, können wir auch Erbsenmehl, Soyamehl oder Kichererbsenmehl verwenden. In diesem Fall verrühren wir dieses Mehl mit dem kalten Wasser, bevor wir damit löschen.

Sambar

bereiten wir wie Dhal-Sambar, nur verwenden wir keine Linsen (od. Kichererbsen etc.), dafür aber etwas mehr Gemüse. Beim Gewürze Anrösten rösten wir einige Kichererbsen oder rotes Dhal (türkische rote Linsen) mit.
Sambar wird in Indien zusammen mit Plain Dhal (siehe Seite 188) täglich zu Chapaties u. Reis gegessen. Durch Verwendung verschiedener Gemüsesorten hat die Sambar immer einen anderen Geschmack.

Gemüse-Curry

1 gehäufter Teller Gemüse (Bohnen, Karotten, Kartoffeln, Zucchetti, Kürbis, Paprika, Rote Rüben.)
1 Tomate kleingeschnitten
1 El. weißes Dahl od. rote Linsen
Chilli, Senfkörner, Curry, Cumin, Ingwerpulver, Pfeffer, Salz
Butterschmalz

Wir rösten im Butterschmalz das Dhal und die Gewürze an, geben die Tomate dazu und nach einer Weile das kleingeschnittene Gemüse und ganz wenig Wasser (je nach der Art der verwendeten Gemüse). Das Ganze dünsten wir auf kleiner Flamme bis alles gar ist.
(Ab und zu vorsichtig rühren).

Gemüselaibchen

Für dieses Rezept können wir sehr gut Gemüsereste verwenden. Oder wir kochen das gewünschte Gemüse vorher. Eine andere Möglichkeit ist, die Laibchen aus fein geraffeltem rohen Gemüse zu bereiten.

2 T. Gemüse gekocht oder fein geraffelt.
1 T. Haferflocken
1 T. Mehl
1/2 T. Brösel
1 Ei *
1/2 Zwiebel, Knoblauch
Salz, Pfeffer, Mayoran, Basilikum, Petersilie

Die Haferflocken und das Mehl rösten wir in einer Pfanne mit Butter leicht an. Gekochtes Gemüse würfeln wir fein, rohes Gemüse raffeln wir, ebenso wird der Knoblauch und Zwiebel fein geschnitten. Dann mischen wir alles zu einem Teig und geben soviel Wasser od. Milch dazu, daß der Teig gut zusammenhält. Daraus formen wir Laibchen und braten sie in Öl oder Butter goldbraun.

*

Hunger ist der beste Koch

Altes Sprichwort

Pizza

Pizza ist wohl die bekannteste italienische Spezialität. Obwohl es so viele verschiedene Arten Pizza's gibt, ist normalerweise nur eine Sorte vegetarisch: **Pizza Margherita**. Wenn du selbst Pizza machst, kannst du verschiedenste herrliche vegetarische Pizzas machen.
Für den Pizzaboden bereiten wir aus:

2T. Mehl
5g Hefe
1/2 Tl. Honig
1 Tl. Öl
Wasser, Salz

einen Hefeteig (siehe Seite 17)
Wer gerade keine Hefe zur Verfügung hat, kann auch einen Mürbteig machen.

2T. Mehl
100g Butter
Milch, Salz

Aus den Zutaten kneten wir einen Teig und geben dabei soviel Milch dazu, daß ein fester Teig entsteht, jedoch kein trockenes Mehl mehr dabei ist.

Für den Belag kannst du aus den folgenden Zutaten auswählen, was dir gerade gefällt:
Mozarella Käse oder ein anderer gut schmelzender Käse (gehört immer zur Pizza), Tomaten, Paprika, Zucchetti, Pilze, Auberginen, Spinat, Oliven, Kapern, Essiggurken,

Quark, Zwiebeln, Knoblauch, Oregano, Thymian, Rosmarin, Mayoran, Basilikum, Pfeffer, Salz usw......

Als Beispiel hier 2 Pizzarezepte:

Pizza Margherita

Pizzateig (siehe vorne)
8 Tomaten
4 kleine Mozarellakäse
1/2 T. geriebener Käse
Salz, Pfeffer, Mayoran, Basilicum, Oregano, Thymian
schwarze Oliven
Olivenöl

Wenn der Teig gut gegangen ist, rollen wir ihn auf 1/2-1cm Dicke aus, legen ihn auf ein gefettetes (geöltes) Backblech und drücken die Ränder hoch, damit der Saft nicht wegrinnt. Dann legen wir die in Scheiben geschnittenen Tomaten gleichmäßig verteilt auf den Pizzaboden, es soll keine Stelle freibleiben. Auf die Tomaten kommt der fein geschnittene Käse und die Oliven, darüber gleichmäßig verteilt der geriebene Käse, darauf streuen wir reichlich (oder auch nicht) Gewürze und zuletzt gießen wir wenig Olivenöl über alles.
Bei mittlerer Hitze backen wir die Pizza im vorgeheizten Ofen etwa 15 Min. lang.

Pilzpizza

Pizzateig
1/4 kg Pilze in Scheiben geschnitten
3 Tomaten in Scheiben geschnitten
Oliven
Salz, Pfeffer, Basilikum, Oregano
4 kleine Mozzarella - Käse (oder anderen)

Wir rollen den Pizzateig etwa 1/2 -1cm dick aus, geben ihn auf das gefettete Backblech und drücken den Rand hoch. Wir verwenden irgendwelche Pilze (am besten keine giftigen, gut sind: Champignons, Steinpilze, Parasol oder Eierschwämme), legen sie auf dem Pizzaboden aus, darüber die Tomaten, dann die Gewürze und Oliven, darüber legen wir den in dünne Scheiben geschnittenen Käse und schütten etwas Olivenöl über alles. Bei mittlerer Hitze backen wir die Pizza etwa 15 Min.

Pinzimonio

alte toscaner Spezialität

Verschiedene Gemüse: Stangensellerie
Fenchel, Rettich, Möhren, Paprika
Gurken, Zuchetti usw....
Salz, Pfeffer, Öl, Zitronensaft

Aus Salz, Pfeffer, Öl und Zitronensaft wird eine Sauce bereitet, das Verhältnis der Zutaten wird nach Belieben gewählt. Das Gemüse wird in eine handliche Form gebracht (Stäbchen), in die Sauce getaucht und gegessen.

Ratatouille

Tomaten, Zucchetti
Auberginen, Paprika, ev. Möhren,
Zwiebeln, Knoblauch
Oregano, Thymian, Salbei, Mayoran, Lorbeer, Nelken
Salz, Pfeffer
2 El. Olivenöl

Die Gemüsesorten können in beliebigem Verhältnis verwendet werden. Sie werden in Würfel geschnitten und im Olivenöl gedünstet. Dann werden die Gewürze hinzugefügt und das Ganze zugedeckt gedünstet, bis es gar ist.

Pakora

4 Kartoffeln
2 T. Gemüse nach Wahl
1/2 Zwiebel
Senfkörner, Curry, Chilli, Pfeffer, Cumin
Butterschmalz
1 T. Kichererbsenmehl
1 T. Weizenmehl
Wasser, Salz

Zuerst schneiden wir Kartoffeln und Gemüse zu Würfeln und kochen sie in Salzwasser weich. In einer anderen Pfanne rösten wir im Butterschmalz die kleingeschnittene Zwiebel glasig, geben dann die Gewürze dazu und rösten noch kurz weiter. Diese Masse mischen wir zu den gekochten und abgetropften Kartoffel- und Gemüsewürfeln und vermischen mit der Hand alles gut, wobei wir die Kartoffeln leicht zerdrücken. In einer Schüssel mischen wir Mehl, Kichererbsenmehl und Wasser (besser noch die von den Kartoffeln abgeschüttete Brühe) zu einem Teig, der so fest sein sollte, daß er gerade noch vom Löffel tropft. Aus der Kartoffelmasse formen wir kleine Bälle, tauchen diese in den Teig und fritieren sie in heißem Butterschmalz oder Backfett.
Eine andere Möglichkeit ist, den Teig und die Kartoffelmasse gut miteinander zu vermischen, daraus Bällchen zu formen und fritieren.
Wir können den Pakora's auch kleingeschnittene rohe Gemüse beimischen.

Mama's Gemüsesuppe

2 T. feingewürfeltes Gemüse
1 ½ l Wasser
2 El. Grieß
Salz, Pfeffer, Petersilie, Miso und andere Gewürze nach Wahl

Wir gehen durch den Garten, Keller oder Vorratsraum und nehmen von verschiedenen zusammenpassenden Gemüsen ein wenig (Karotten und Kartoffeln passen zu allen), so daß es insgesamt etwa 2 Tassen gibt. Dann schneiden wir das Gemüse fein. In einem Topf erwärmen wir Butter, rösten darin kurz ein wenig Mehl und schütten das Wasser dazu. Anschließend geben wir die Gewürze dazu und das geschnittene Gemüse. Sobald die Suppe eine Weile gekocht hat, rühren wir den Grieß dazu und lassen sie weiterkochen, bis alles gekocht ist.
Wenn es schnell gehen soll, können wir z.B. einfach Karotten und Kartoffeln nehmen und sie fein raspeln, dann sind sie in wenigen Minuten gar.

Eins in Gott, eins im Glauben und eins in der Art
ist der Mensch

Narayana Guru

Salate

Aus den meisten Gemüsearten können Salate bereitet werden. Bei einigen haben wir dies als Beispiel beschrieben. Ein richtiger Salat wird eigentlich aus verschiedenen Gemüsen hergestellt, du kannst nach deinem Gefühl ausprobieren, was zusammenpaßt. Die Auswahl ist groß:
Karotten, rote Rüben, Sellerie, Tomaten, Zucchini, Auberginen (gekocht), Kartoffeln (gekocht), grüne Bohnen (unbedingt mind. 10 Min. kochen), Gurken, Paprika, alle Kohlarten, Knollenfenchel, grüner Salat, Spinat, Kresse, Brennessel, junge Löwenzahnblätter, Vogelmiere, junge gekochte Maiskörner, Zichorie, Chinakohl, Spargel (gekocht), Sauerkraut, Endivien, Rettich (vorher salzen), gekochter Reis, Champignons, Nüsslisalat usw.....
Es ist sinnvoll, die Gemüse etc. roh zu verwenden, wenn nicht anders angegeben.
zum Würzen und Garnieren eignen sich:
Zwiebeln, teilweise Rosinen, Mandeln und Nüsse, und verschiedene Früchte (Trauben, Ananas etc.).
Dazu kommt dann noch eine passende Salatsauce. Wir selbst verwenden eigentlich fast immer eine Yoghurt-Sauce (ohne Essig), oft mit Gomasio und das schmeckt herrlich. Hier ein paar Beispiele:

Joghurt-Sauce

unsere Lieblings-Salat-Sauce

1T. Yoghurt (od. Sauermilch, auch Buttermilch)
3El. Olivenöl (od. Kürbiskernöl) kaltgepreßt.
Salz, Gomasio, Gewürze nach Belieben

Die Zutaten gut miteinander verrühren, die Sauce darf ziemlich salzig schmecken, wenn der Salat selbst nicht gesalzen ist.

Zitronen-Sauce

1 Zitrone (Saft)
2-3 El. Öl (kaltgepreßt)
etwas Rahm od. Sauerrahm
Salz, Gewürze nach Belieben

Alles gut miteinander verrühren und mit dem Salat vermischen.

Essigsauce

4 El. Öl
2 El. Essig
Salz, Gewürze nach Belieben

Gut mischen, fertig...

Rohkostsalat

3 Karotten
1 rote Beete
1/2 Sellerie
2 Äpfel (oder Birnen)
Rosinen, geriebene Haselnüsse
Zitronensaft
Öl, Yoghurt, Salz

Wir raspeln Karotten, rote Beete, Sellerie und Äpfel, gießen gleich den Zitronensaft darüber und vermischen dies mit Rosinen und Nüssen. Aus Öl, Yoghurt und Salz machen wir eine Sauce und mischen dann alles gut zusammen.

Die Nahrungsmittel, welche das Leben, die Lebenskraft, die Stärke, die Gesundheit, die Freude und die Fröhlichkeit fördern, welche süß, milde, nahrhaft und angenehm sind, werden von den Reinen geliebt.

Bhagavadgita

Südera = Pellkartoffel

Kartoffeln gleicher Größe
Wasser

Wir waschen die Kartoffeln gut und kochen sie bis sie durch sind. Das sind sie, wenn wir mit einer Gabel oder einem Messer leicht durchstechen können.

Wir servieren die gekochten Kartoffeln mit Salz, Butter, Käse, Topfen (Quark) oder Topfencreme. Ein einfaches, aber fürstliches Essen, wenn wir entsprechende Beilagen bereiten.

Rösti = Bratkartoffeln

Schweizer Spezialität

1kg Kartoffeln weichgekocht
Butter oder Öl
Salz

Sobald die gekochten Kartoffeln abgekühlt sind schälen wir sie und schneiden sie in dünne Scheiben. In einer Bratpfanne erhitzen wir Butter oder Öl, geben die Kartoffeln hinein, salzen sie und braten sie unter öfterem Umrühren bis sie schön knusprig braun sind.

Rösti – aus rohen Kartoffeln

1kg Kartoffeln
Butter oder Öl
Salz

Wir raffeln oder schneiden die Kartoffeln zu dünnen Scheiben. In einer Bratpfanne erhitzen wir Butter (Öl), geben die Kartoffeln hinein, salzen sie und dämpfen sie zuerst auf kleiner Flamme mit geschlossenem Deckel. Sobald die Kartoffeln weich sind, nehmen wir den Deckel weg und braten sie unter öfterem Umdrehen bis sie knusprig sind. Wenn nötig, geben wir nocheinmal Butter oder Öl dazu.

Milchrösti

1kg Kartoffeln gekocht
Fett oder Öl
Salz
1/2 T. Milch

Die gekochten Kartoffeln in Scheiben schneiden. In einer Bratpfanne Fett erhitzen, die Kartoffeln hineingeben, salzen, rühren und mit der Milch übergießen. Ohne weiter umzurühren zugedeckt auf schwachem Feuer braten.

Käserösti

Rösti nach einem der oberen Rezepte bereiten und kurz vor Schluß etwa 1/2 T. Reibkäse dazumischen und weiterkochen, bis er gut geschmolzen ist.

Zwiebelrösti *

Beim Rösten der Kartoffeln 1/2 bis 1 T. gehackte Zwiebeln beigeben.

Kartoffelpüree

1 kg Kartoffeln
Milch
Salz, Muskatnuß, Pfeffer
Butter

Wir schälen die Kartoffeln (wenn du sie ganz fein passieren kannst, ist das Schälen nicht unbedingt erforderlich), schneiden sie in Würfel und kochen sie im Salzwasser weich. Durch ein Sieb schütten wir das Wasser ab, lassen die Kartoffeln kurz abtropfen, passieren sie fein oder zerstoßen sie mit einem Kartoffelstößel. Diese Kartoffelmasse geben wir in einen Topf, fügen etwas Milch, Muskat und Pfeffer bei und lassen die Masse unter ständigem Rühren noch etwa 5 Min. kochen. Wir geben soviel Milch dazu, daß eine breiige Masse entsteht. Zuletzt geben wir noch etwas Butter dazu.

Das Leben ist in Wirklichkeit nicht kompliziert,
sondern sehr einfach.
Es ist die Einfachheit selber, aber ihr macht es kompliziert

Findhorn-Gemeinschaft.

Kartoffelkroketten

12 Kartoffel
1 Ei* (Rahm od. Milch)
Butter
Salz

Wir schälen die Kartoffeln, schneiden sie in Würfel und kochen sie im Salzwasser. Dann schütten wir das Wasser ab und passieren die Kartoffeln möglichst fein und vermischen sie gut mit den übrigen Zutaten. Aus dieser Masse formen wir gut fingerdicke und kleinfingerlange Schlangen und fritieren sie im Backfett.
Diese Kroketten können entweder mit Zucker und Zimt serviert werden oder aber mit einer Sauce, zu Gemüse etc.

Kartoffeln mit Käse

3/4 kg Kartoffeln
1 T. Reibkäse
Salz, Pfeffer, Kümmel, Basilikum, Mayoran, Muskatnuß
1/2 T. Öl

Wir schneiden die Kartoffeln in Würfel, füllen sie

auf ein Backblech (welches aber ringsherum zu sein sollte), streuen die Gewürze darüber, übergießen alles gleichmäßig mit Öl und backen das Ganze bei mittlerer Hitze etwa 45 Minuten. Nach 30 Min. streuen wir den geriebenen Käse darüber und backen fertig.

Kartoffeln in Rahmsauce

1kg gekochte Kartoffeln
1/8l saurer Rahm
1T. geriebener Käse
Salz, Pfeffer, Curry, Muskat, Chilli
Butter

Wir schneiden die gekochten Kartoffeln in große Würfel und rösten sie in Butter an. In einer Schüssel vermengen wir den sauren Rahm mit den Gewürzen und dem Käse. Diese Mischung schütten wir über die Kartoffeln sobald sie gut geröstet sind, mischen alles und lassen das Ganze ziehen, bis der Käse geschmolzen ist.

Kartoffel indisch

3/4 kg Kartoffeln
1/2 Zwiebel
1/2T. Kokosflocken getrocknet oder frisch
Salz, Pfeffer, Chilli, Curry, Gelbpulver, Senfkörner, Cumin, Curryblätter, Butterschmalz od. Öl

Zuerst kochen wir die Kartoffeln und schneiden sie in gröbere Würfel. In einer Bratpfanne rösten wir im Butterschmalz (Öl) die Gewürze an, geben dann die Kartoffeln dazu, rösten eine Weile weiter und mischen zuletzt die Kokosnußraspeln dazu.

Kartoffelauflauf

1kg Kartoffeln
5-7 dl. Rahm-Milch-Gemisch
50g würziger Reibkäse
Butter, Salz, Pfeffer, Muskat, Knoblauch

Eine feuerfeste Form (nicht allzu flach) buttern und mit Knoblauch ausstreichen. Die geschälten und in dünne Scheiben (1/2 cm) geschnittenen Kartoffeln lagenweise in die Form auslegen. Jede Lage würzen und mit Käse bestreuen. Zuletzt soviel Rahm-Milch-Gemisch darüber gießen, daß die Kartoffeln knapp bedeckt sind, und darüber noch reichlich Käse streuen. Im Backofen gar und goldbraun werden lassen (ca 60 Min).

Grenadiermarsch

8 gekochte Kartoffeln
1/2 Zwiebel
1/2 kg Nudeln (natürlich schmecken selbstgemachte am besten)
Paprikapulver, Kümmel, Salz
Öl

Wir rösten die Zwiebel in Öl an, geben die zerkleinerten Kartoffeln und Gewürze dazu, rösten einige Minuten weiter und geben dann die in der Zwischenzeit in Salwasser weichgekochten Nudeln dazu. Das Ganze rösten wir nocheinmal durch, bevor wir es servieren.

Kartoffelküchli

8-10 Kartoffeln
1/2 T. Brösel
Salz, Muskatnuß, Mayoran, Curry, Petersilie, Thymian

Wir raspeln die rohen Kartoffeln fein und vermischen sie mit den Gewürzen und Brösel. Nachdem wir alles gut durchgeknetet haben formen wir etwa 1cm dicke Laibchen und braten sie in einer Pfanne im Öl oder Butter auf beiden Seiten.

Backkartoffeln

Pizzaiola Süditalienische Spezialität

1 kg Kartoffeln in nicht allzu große Stücke geschnitten
4 El. Öl
Gewürze nach Belieben: Oregano, Mayoran, Rosmarin, Thymian, Knoblauch, Zwiebel, Pfeffer, Salz

Die Kartoffelstücke auf ein Backblech verteilen und das Öl darübergießen. Nun wird gesalzen und gepfeffert und reichlich mit Kräutern nach Wahl gewürzt. Das Ganze wird im Ofen auf mittlerer Hitze gebacken bis die Kartoffeln gar sind (ca. 1/2 Std).

❀ ❀ ❀

Die Nahrungsmittel, welche bitter, sauer, salzig, sehr heiß, stechend, rauh und brennend sind und Schmerz, Kümmernis und Unbehagen hervorrufen, werden von den „Leidenschaftlichen" geliebt.

Bhagavadgita

Kartoffelnudeln

3/4 kg Kartoffeln
1/2–3/4 kg feingesiebtes Mehl
1 Ei * (Rahm oder Milch)
Brösel
Butter, Salz

Zuerst kochen wir die Kartoffeln, schütten das Wasser in einem Topf ab und zerdrücken die Kartoffeln. Aus den Kartoffeln, dem Mehl, Ei, Salz und etwas Kartoffelwasser bereiten wir einen relativ festen Teig und kneten ihn gut durch. Dann rollen wir den Teig zu Schlangen aus (etwa 1 1/2 cm Durchmesser) und schneiden sie in etwa 7 cm lange Stücke. Mit gemehlten Händen rollen wir die Nudeln noch einmal und kochen sie in leicht gesalzenem Wasser, bis sie hochsteigen.
In einer Bratpfanne rösten wir im Butter die Brösel goldbraun und drehen die Nudeln, gleich nachdem wir sie aus dem Wasser genommen haben. Wir servieren sie mit Kompott.

Eine andere Möglichkeit: Nachdem wir sie in den Bröseln gewälzt haben, geben wir eine Lage Nudeln in eine Schüssel, darüber streuen wir fein geriebenen Käse, dann wieder eine Lage Nudeln, wieder Käse usw. .... Die Schüssel zugedeckt stehen lassen, bis der Käse geschmolzen ist.
Zu dem Teig können wir auch Topfen (Quark)

dazugeben, dafür etwas weniger Mehl und Wasser, dann erhalten die Nudeln einen anderen, sehr feinen Geschmack.

Kartoffelgulasch

10 Kartoffeln
2 Karotten
1/4 Sellerie
Wasser,
Zwiebeln
Butter
etwas Mehl, Salz, Lorbeerblätter, Pfeffer, Kümmel, Paprikapulver (3 TL.)

In einer Pfanne lassen wir etwas Butter zergehen, rösten darin die Gewürze und das Mehl goldbraun und löschen mit Wasser. Dazu geben wir die in Würfel geschnittenen Kartoffeln und die anderen Zutaten und lassen das ganze kochen bis die Kartoffeln durch sind.

Erdäpfelsterz

(Erdäpfel = Kartoffel)

10 Kartoffel
1 Ei *
1/2 kg Mehl
Salz
Milch (Sauermilch od. Yoghurt)

Wir kochen die Kartoffeln und zerdrücken sie.

Zusammen mit Mehl, Ei, Milch und Salz kneten wir die Kartoffeln zu einem festen Teig. In einer Bratpfanne rösten wir den Teig im Butter bis er goldbraun ist (nicht den ganzen Teig auf einmal in die Pfanne geben, unter 2-3 mal anrösten). Dabei zerkleinern wir den Teig mit einer Bratschaufel und drehen die Stückchen öfters um.

Ofentoori

1 kg Kartoffelstock (gekochte u. passierte Kartoffeln)
1-2 T. Reibkäse
1 feingehackte Zwiebel
25 g Butter

Die Hälfte des Käses unter die Kartoffelmasse mischen. Das Ganze in eine feuerfeste Form geben. Die gedünsteten Zwiebeln, den restlichen Käse und Butterflocken darüber streuen. Im Ofen auf mittlerer Hitze 30-40 Min backen.

Gnocchi

1kg Kartoffeln
250g Mehl
2 Eier *
Salz

Die Kartoffeln in Würfel schneiden, im Salzwasser weichkochen und zu einem Brei zerdrücken oder passieren. Das Mehl und die Eier (oder statt dessen ein wenig Milch) dazugeben und zu einem Teig kneten. Die Masse in mehrere Stücke zerteilen, zu etwa daumendicken Schlangen rollen und diese in etwa 3cm lange Stücke zerteilen. Wer Lust hat, kann die Gnochis über die Rückseite einer Käseraffel drehen, sodaß ein Muster entsteht oder mit einer Gabel ein Muster aufdrücken. Die Gnocchis werden nun in kochendes Salzwasser gebracht und solange weitergekocht, bis sie an die Oberfläche steigen. Dann noch kurz weiterkochen lassen und anschließend mit einer Schöpfkelle abschöpfen.
Gnocchis können mit Butter oder mit einer Spaghettisauce (siehe Seite 33 - 38) gegessen werden.

Samosha

Füllung:

4-8 große Kartoffeln
2 Chilli frisch od. Chillipulver
Senfkörner, Curry, Salz
1T. Erbsen od. kleingeschnitt. Kürbis

Teig:

3T. Mehl fein
Butter
lauwarmes Wass
Salz

Zuerst bereiten wir die Füllung: Wir kochen die Kartoffeln und zerstampfen sie. In einer Pfanne erhitzen wir Butter, rösten darin die Gewürze an und geben dann die Erbsen (ev. vorgekocht) oder Kürbisstücke hinein. In einer Schüssel mischen wir alle Zutaten der Füllung gut durch.
Die anderen Zutaten kneten wir zu einem festen Teig, walken ihn etwa 3mm dick aus und schneiden ihn in 10-12 cm große Quadrate.
In die Mitte dieser □ geben wir etwas von der Füllung hinein und schlagen sie diagonal auf ein Dreieck (⧄) zusammen. Die Ränder drücken wir gut zusammen.
Diese gefüllten (△) Dreiecke fritieren wir in heißem Butterschmalz, Backfett oder Öl.

Was wir säen, das werden wir ernten

Tomatencremesuppe

für Feinschmecker und solche, die es noch werden wollen.

1/2 - 3/4 kg Tomaten (möglichst reif)
2 Knoblauchzehen
2 El. Olivenöl
1/2 T. Rahm od. Milch
2-3 El. Mehl
1-2 T. Wasser
Salz, Pfeffer, Paprikapulver, Nelkenpulver

Die Tomaten und der Knoblauch werden kleingeschnitten und zu einer Sauce gekocht. Dann werden sie durch ein Sieb passiert. In einer Pfanne wird Olivenöl erhitzt und etwa 1 Tasse von dem passierten Tomaten dazugegeben. Auf großer Hitze und unter ständigem Rühren wird dies nun geschmort bis es deutlich orange Farbe annimmt. Dann wird der Rest der Tomaten und das Wasser dazugegeben, ebenso das Mehl, das vorher mit Rahm (Milch) gut vermischt wurde. Das Ganze wird auf kleinem Feuer weitergekocht und gelegentlich gerührt (damit keine Knollen entstehen) bis es ganz cremig wirkt. Nun wird das Ganze mit Gewürzen abgeschmeckt.

Tomatensalat

5 große Tomaten
Salz, Pfeffer, Oregano, Basilikum
Gomasio nach Belieben
Yoghurt, Olivenöl

Wir schneiden die Tomaten in Scheiben und bereiten aus den anderen Zutaten eine Sauce, die wir mit den Tomaten gut vermischen.

Grüne Tomaten-Chutney

10 grüne Tomaten (z.B. im Herbst nicht mehr ausreifende)
10 möglichst unreife Äpfel
1T. Zucker
1/2 T. Essig (oder Saft von 2 Zitronen)
2 El. Ingwerpulver
3 El. Chilli
Muskatnuß, Zimt, Nelkenpulver
1 Zwiebel feingehackt
2 Knoblauchzehen zerdrückt

Wir schneiden die Äpfel und die grünen Tomaten in Würfel, lassen sie kurz kochen, schütten sie in ein Sieb und passieren sie fein. Dann geben wir alle anderen Zutaten dazu und kochen das Ganze auf kleiner Flamme unter oftem Umrühren bis es eingedickt ist (ca 3/4 Std).

Das Chutney kann entweder gleich zu Reis oder einem anderen Getreidegericht gereicht werden oder wir füllen es kochend heiß in Gläser und verschliessen diese luftdicht (wie Marmelade).
Kühl gelagert hält sich diese Art von Chutney bis zu einigen Monaten.

Tomaten mit Käse überbacken

Tomaten
Käse, Salz

Die Tomaten werden halbiert, gesalzen und auf der Schnittfläche mit einer dünnen Scheibe Käse belegt. Bei „langweiligem" Käse diesen noch zusätzlich mit Pfeffer etc. würzen. Dann werden die Tomaten in einer Pfanne zugedeckt gedämpft, bis sie schön weich sind.

Tomaten gefüllt (kalt)

8-10 Tomaten
2T. Getreideresten od. in Milch eingeweichtes Hefebrot
1/2T. Oliven und / oder Kapern
1/2T. gerösteter Sesam od. gemahlene Haselnüsse
1/2T. frische Kräuter fein: Basilikum, Petersilie, Liebstöckl, Boretsch
Salz + Pfeffer, ev. Schnittlauch

Die Tomaten werden leicht ausgehöhlt. Die anderen Zutaten werden miteinander vermischt und in die Tomaten gefüllt.

Zucchetti gebraten

einfach ----- delikat

Zucchetti
Salz, Pfeffer, Curry, Basilikum, Oregano, Mayoran
Öl

Wir schneiden die Zucchetti in etwa 8mm dicke Scheiben, salzen und würzen sie, erhitzen in einer Bratpfanne Öl und braten sie auf beiden Seiten leicht braun an.

Zucchetti in Teig

oder paniert

Zucchetti
Salz und Gewürze nach Belieben (siehe oben)
Omlett - Teig (siehe Seite)
eventuell Brösel
Öl

Wir schneiden die Zucchetti in Scheiben, salzen und würzen die Scheiben nach Belieben, tauchen sie in den Omlett-Teig und braten sie in einer Pfanne mit heißem Öl auf beiden Seiten braun.
Bei panierten Zucchetti drehen wir die mit Teig umhüllten Scheiben in Brotbrösel und braten sie in Butter.

Zucchetti – gefüllt

4–6 mittelgroße Zucchetti
1 Tomate
2T. gekochtes Getreide (z.B. Resten)
1T. Reibkäse
1/2T. Brösel
1 Ei *
Salz, Pfeffer, Knoblauch, Zwiebel, Oliven, Petersilie, Basilikum, Schnittlauch, Nelkenpulver

Die Zucchetti der Länge nach halbieren und bootförmig aushöhlen. Tomaten, Zucchettimark, Knoblauch, Zwiebeln und Oliven kleinschneiden und in einer Bratpfanne mit etwas Olivenöl zu einer Sauce kochen (10-15 Min). Diese Sauce mit Getreide, geriebenem Käse, Brösel und eventuell mit einem verschlagenem Ei vermengen. Die feingehackten Kräuter dazugeben, mit Salz, Pfeffer und etwas Nelkenpulver abschmecken. Mit dieser die „Zucchettiboote" füllen und sie in eine gefettete feuerfeste Form geben. Im Backofen auf mittlerer Hitze backen, bis die Zucchetti gar sind (ca. 20 Min.). Noch besser schmeckt's wenn man/frau reichlich Tomatensauce (Siehe Seite 36) in die feuerfeste Form gibt.

Zucchettiblütenküchli

Aus männlichen Zucchettiblüten können wir gleich wie mit Akazienblüten Küchli machen (Siehe Rezept Seite 146)

Zucchettisuppe

1 1/2 l Gemüsebrühe
8 T. Zucchetti feingewürfelt
1-2 Tomaten feingeschnitten
Salz, Pfeffer, Petersilie, Salbei, Knoblauch

Die Zucchetti und Tomaten mit den Gewürzen u. der Gemüsebrühe (Wasser geht auch) kochen, bis sie pappig werden. Wer die Suppe ganz fein haben möchte, passiert sie durch ein Sieb.

Petersilienzucchetti

2- 4 Zucchetti
1-2 mittlere Kartoffeln in Würfel geschnitten
1-2 T. Petersilie grobgeschnitten
1 Tomate feingehackt
1 Knoblauchzehe → feingehackt
Salz, Pfeffer, Öl, Wasser

Zucchetti in Scheiben schneiden, salzen, ziehen lassen und das entzogene Wasser abgießen. Zucchetti, Kartoffeln, Petersilie, Tomate und Knoblauch gut mischen, salzen und pfeffern und in eine feuerfeste Form füllen. Dann mit einem Glas Wasser und anschließend mit reichlich Öl übergießen. Das Gemisch bei großer Hitze im Ofen etwa 1 Std. schmoren lassen. Falls nötig nach etwa 1/2 Std nochmals etwas Wasser dazugeben.

Zucchetti nach Bäuerinnenart

etwas kompliziert, ... aber es lohnt sich

2-4 Zucchetti (je nach Größe)
2 El. Olivenöl
2 El. Mehl
1 El. Butter
2 T. Milch
2 El Reibkäse
50 g Brösel
3 El. Rahm
2 Eier *

Salz, Pfeffer, Petersilie Mayoran, Basilukum, Rosmarin, Bohnenkraut, Salbei, Muskatnuß, Knoblauch

Zucchetti in Stäbchen schneiden und gar dünsten. Knoblauch und die Gewürzkräuter beifügen, salzen und pfeffern. In einer anderen Pfanne den Butter erwärmen, das Mehl dazurühren, mit Milch löschen und unter Rühren leicht erhitzen. Dann den Käse dazugeben, den Rahm und das Eigelb darunterrühren. Das Eiweiß steif schlagen und darunterziehen, mit Salz, Pfeffer und Muskat würzen.
Diese Sauce mit den Zucchetti mischen und die ganze Masse in eine feuerfeste Form geben, mit Brösel bestreuen, dann mit Olivenöl beträufeln und bei mäßiger Hitze etwa 15 Min. überbacken.

Kürbiscurry

1/2 kg Kürbis
1 T. Kokosraspeln frisch od. getrocknet
1/4 l Yoghurt
Salz, Pfeffer, Senfkörner, Curry, Chilli,
Cumin, Ingwerpulver
Butterschmalz

Wir schälen den Kürbis und schneiden ihn in Würfel. In einer Pfanne rösten wir im Butterschmalz die Gewürze an, geben dann die Kürbiswürfel und wenig Wasser dazu und lassen das Ganze dünsten bis die Kürbiswürfelchen gar sind. Gegen Ende des Kochvorgangs fügen wir die Kokosnußraspeln dazu; und das Yoghurt ziehen wir erst darunter, nachdem wir die Pfanne vom Feuer genommen haben.

Kürbis süß-sauer

wird wie Randig süß-sauer zubereitet (siehe Seite 129).

Kürbiscremesuppe

1/2 kg Kürbis
1 Karotte
1 Kartoffel
1/2 Zwiebel
1 1/4 l Gemüsebrühe od. Wasser
1/2 T. Rahm
2-3 El. Butter
Salz, Pfeffer, Rosmarin
geröstete Brotwürfelchen

Kürbis, Karotte, Kartoffel und Zwiebel in kleine  schneiden. In Butter andünsten, salzen und pfeffern, Gemüsebrühe oder Wasser hinzufügen und würzen. Das Ganze auf mäßiger Hitze kochen bis das Gemüse sehr weich ist. Dann alles passieren, nocheinmal kurz aufkochen und den Rahm dazugeben.
Die Brotwürfelchen werden in den Teller gegeben und mit der Suppe übergossen.

Allzuviel ist ungesund

Altes Sprichwort

Gurkengemüse

2 Gurken
1/8 l Rahm
Butter, Wasser
Salz, Pfeffer, Senfkörner, Curry, Muskatnuß,
Lorbeerblätter

Wir rösten im Butter die Senfkörner an bis sie springen, geben die in Würfel geschnittenen Gurken dazu und löschen mit wenig Wasser. Dann geben wir die anderen Gewürze dazu und lassen die Gurken dünsten. Kurz bevor das Gemüse fertig ist mischen wir den Rahm dazu.

Gurkensalat

1 große Gurke
1/8 l Rahm
Salz, Pfeffer, Dill, Kümmel, Gomasio
Olivenöl

Wir hobeln die Gurke in dünne Scheiben, aus den anderen Zutaten bereiten wir eine Sauce und vermengen die Gurkenscheiben darunter.

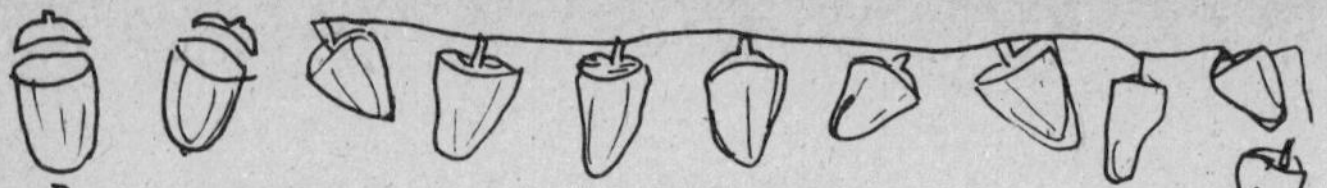

Gefüllte Paprika

6 Paprika
3T. Reis gekocht
2 kleingeschnittene Tomaten
2 El Rahm
etwas geriebener Käse
Salz, Pfeffer, Curry

Wir schneiden den Paprikas die Kappe ab und putzen die Samen gut heraus. Reis, Tomaten, Rahm und Gewürze vermischen wir gut miteinander und füllen es in die Paprika ein. Obendrauf streuen wir etwas Käse, geben die Kappen wieder auf die Paprikas, legen sie in eine gebutterte feuerfeste Form und backen sie im Backrohr (20 Min).
Eine andere Möglichkeit ist, statt Reis in Milch geweichtes Hefebrot (kein Sauerteigbrot) zu verwenden.

Peperonata

Kenner gehen meilenweit

4 T. Paprika in Streifen geschnitten
2 T. Tomaten geschnitten
2T. Zwiebeln feingehackt
1/4 T. Olivenöl
1 El. Weinessig
Salz, Pfeffer

In einer Pfanne bei mäßiger Hitze das Öl erwärmen und die Zwiebel unter häufigem Wenden dünsten. Nach etwa 10 Min. die Paprikastreifen dazugeben und zugedeckt weitere 10 Min. dünsten lassen. Dann die übrigen Zutaten dazugeben und nocheinmal 5 Min. schmoren lassen. Darauf das Ganze unbedeckt bei großer Hitze unter häufigem Rühren kochen bis es cremig wird.
Die Peperonata schmeckt nicht nur als warmes Gemüse vorzüglich, sondern auch warm oder kalt auf gerösteten Brotscheiben.

Fenchel überbacken

3-4	große Fenchelknollen
2T.	Bechamelsauce (siehe Seite 39)
1/2T.	geriebener Käse
	Butter
	Salz, Pfeffer, Muskatnuß

Wir schneiden die Fenchel in der Mitte auseinander und dünsten oder kochen sie in einer Pfanne nicht ganz gar. Anschließend schütten wir die Brühe ab (wir können sie für die Sauce verwenden). Die Fenchel geben wir in eine feuerfeste Form, gießen Bechamelsauce (oder eine andere passende Sauce) dazu, daß die Fenchel etwa halb bedeckt sind. Darüber streuen wir den geriebenen Käse und backen das Ganze im Ofen goldgelb.

Auberginen gebraten

Wir können Auberginen wie Zucchetti gebraten (Seite 113) zubereiten.

Auberginen in Teig oder paniert

werden wie Zucchetti in Teig oder paniert bereitet (siehe Seite 113).

Auberginencurry

5-8 Auberginen
1/4 l Yoghurt
1/2 T. Kokosnuß geraspelt (od. Kokosflocken)
Salz, Pfeffer, Senfkörner, Curry, Cilli, Gelbpulver, Curryblätter Cumin
Butterschmalz

Wir schneiden die Auberginen in Würfel, bestreuen sie leicht mit Salz und lassen sie stehen. Das bewirkt, daß die Auberginen nicht dunkel anlaufen. In einer Bratpfanne rösten wir die Gewürze an, geben die Auberginen und etwas Wasser dazu, und lassen das Ganze zugedeckt etwa 20-30 Min. dünsten. Dann geben wir die

Kokosflocken dazu, lassen etwas weiterdünsten und mischen das Yoghurt erst vor dem Servieren darunter.

Gefüllte Auberginen

8 Auberginen
3T Linsen gekocht und zerdrückt
1/2T. Käse gerieben
1 Tomate kleingeschnitten
Salz, Pfeffer, Curry, Lorbeer, Mayoran, Thymian
Öl

Wir schneiden die Auberginen der Länge nach in 2 Hälften, bestreuen sie mit Salz und lassen sie etwa 1/2 Std ziehen. Dann schütteln wir die Flüssigkeit ab und dünsten sie in einer Pfanne auf kleinster Flamme mit ganz wenig Wasser etwa 20 Min. lang. Dann höhlen wir das Mark aus den Auberginen aus und vermischen es mit allen anderen Zutaten. Mit dieser Masse füllen wir die Auberginen, pinseln sie mit Öl ein und backen sie im Backrohr.

Auberginen überbacken

*** Dreistern - Gericht

3-4 Auberginen
1/4 kg Weichkäse Mozzarella od. ein Frischkäse)
2T. Tomatensauce (siehe Seite 36)
Mehl, Salz
1/2T. Reibkäse

Die Auberginen der Länge nach in fingerdicke Scheiben schneiden, beidseits salzen, warten bis das Salz Feuchtigkeit entzogen hat, auf beiden Seiten in Mehl tauchen und überflüssiges Mehl abschütteln. Die Scheiben nun in sehr heißem Öl oder Backfett möglichst schnell bräunen, damit sie nicht zu viel Öl aufsaugen. Jetzt in eine feuerfeste Form eine Schicht (1 cm) Tomatensauce gießen, darauf die Auberginenscheiben auslegen, den in dünne Scheiben geschnittenen Weichkäse auf die Auberginen legen, etwas Reibkäse darüberstreuen und dann wieder Tomatensauce darüber. Den Vorgang noch 1-2 Mal wiederholen, je nach Größe und Höhe der Form, die oberste Schicht soll aus Käse und Tomatensauce bestehen. Das Ganze auf mittlerer Hitze im Ofen ca 30 Min. backen. Das Gericht schmeckt im Sommer auch lauwarm sehr gut.

Auberginensalat

3 - 4 Auberginen
1 El. Kapern (od. 1 kleingewürfelte Essiggurke)
2 El. Weinessig
2-3 El. Olivenöl
Salz, Pfeffer, Knoblauch, Basilikum, Oregano

Die Auberginen werden in daumendicke Würfel geschitten und in Salzwasser halbweich gekocht. Dann werden sie in einem Sieb gut abgetropft bis sie trocken aussehen. Aus Essig, Öl und Gewürzen in einer Schüssel eine Salatsauce bereiten, die Auberginen würfeln hineingeben und gut vermischen. Das Ganze etwa 1 Std kaltstellen. Vor dem Essen nochmals mischen und die Kapern dazugeben.
Eignet sich vorzüglich als Vorspeise oder zu kalten Gerichten.

Auberginen-Bananen-Curry

2-3 Auberginen
2 Bananen
1/4 T. Rosinen
2-3 El. Curry
2 El. Butter oder Öl

Die Auberginen werden fein gewürfelt. In einer Bratpfanne den Butter erwärmen, Auberginen, Curry und Butter dazugeben und das Ganze dünsten lassen. Wenn die Auberginen halbweich sind die Rosinen dazugeben und wenn nötig etwas Wasser. Unmittelbar bevor die Auberginen gar sind werden die feingeschnittenen Bananen dazugegeben und das Ganze dann sehr bald vom Feuer genommen.

Es schmeckt herrlich zu Reis und den meisten anderen Getreiden.

Dann sprach Gott:
„Seht, ich übergebe euch alles Kraut,
das Samen hervorbringt, auf der ganzen Erde,
und alle Bäume, die samentragende Früchte
hervorbringen; das sei eure Nahrung."

Genesis

Rübli-Gemüse

1/2 kg Karotten (Mohrrüben)
1/4 kg Erbsen
Salz, Pfeffer, Curry, Senfkörner
Butter
Milch, Mehl

Wir erwärmen in einer Pfanne Butter, geben die Gewürze dazu und rösten bis die Senfkörner springen. Dann geben wir die zu Scheiben oder kleinen Würfelchen geschnittenen Karotten und Erbsen dazu, geben wenig Wasser hinzu und lassen das Ganze bei mittlerer Flamme dünsten. Nach einer Weile mischen wir etwas Mehl mit Milch, gießen es dazu und kochen weiter, bis die Karotten und Erbsen gar sind.

Rübli-Halva

1/2 kg Karotten (Mohrrüben)
Rosinen
Butterschmalz
Salz, Kardamom, Zucker od. Honig

Wir erhitzen Butterschmalz in einer Pfanne und rösten darin die Rosinen. Dann geben wir die feingeraffelten Karotten, ganz wenig Salz, Kardamom und etwas Zucker dazu und lassen das Ganze dünsten, bis die Karotten weich sind.

Rübli-Kuchen

10 mittlere Karotten (Mohrrüben)
1 T. gemahlene Haselnüsse
1-2 T. Mehl
1/2 T. Zucker
1 Ei * (Soyamehl und Milch)

In einer Schüssel verkneten wir miteinander die feingeraffelten Karotten, Nüsse, Mehl, Zucker und Eigelb. Das Eiweiß schlagen wir zu Schnee und mischen es vorsichtig zum Teig, nachdem wir ihn gut geknetet haben. Dann geben wir den Teig in ein gefettetes Backblech und backen den Kuchen bei mittlerer Hitze etwa 3/4 Stunden.

Achtung: Der Rüblikuchen muß nach dem Backen aus der Form genommen werden und möglichst luftdicht verschlossen mindestens 2-3 Tage gelagert werden, bevor er wirklich delikat ist.
Er hält sich bei günstiger Lagerung bis zu 2 Wochen.

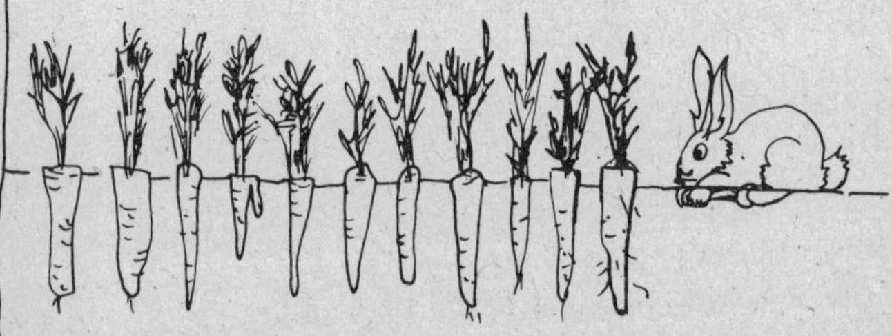

Randig süß-sauer

1/2 kg Randen (Rote Beete)
Weinessig
Salz, Pfeffer, Öl

Die Randen werden in Würfel geschnitten und in etwas Öl kurz angebraten, anschließend mit Weinessig gelöscht und zugedeckt gedämpft bis sie schön weich sind. Wenn nötig noch etwas Essig zufügen und mit Salz und Pfeffer würzen.

Randigsalat

6 Randen (Rote Beete)
2 Gewürznelken
Öl, Yoghurt, Zitronensaft
Salz, Pfeffer, Curry, Gomasio, Kümmel

Zuerst kochen wir die Randen zusammen mit den Gewürznelken in Salzwasser. Dann schälen wir sie und schneiden sie in dünne Scheiben. Aus den anderen Zutaten bereiten wir eine Salatsauce und geben die Randigscheiben darunter.

Randen paniert

Gekochte in Scheiben geschnittene Randen werden paniert (siehe auch Seite 130) und in Öl knusprig gebraten.

Sellerie paniert

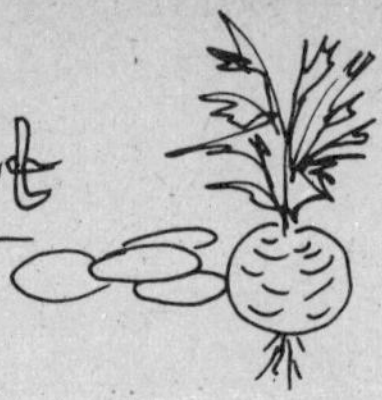

1 gr. Sellerieknollen
Mehl, Milch
Brösel
Salz, Pfeffer
Butter od. Öl

Wir schneiden die Sellerie in etwa 1/2 cm dicke Scheiben und salzen + pfeffern sie. Das Mehl vermischen wir mit Milch zu einem dickflüssigen Teig, wälzen die Selleriescheiben zuerst darin und dann in den Bröseln und braten sie in einer Bratpfanne mit Butter auf beiden Seiten goldgelb.

Selleriecreme

1-2 Sellerieknollen
2 Knoblauchzehen
2 El. Mehl
1/2 T. Milch od. Rahm
Salz und kleingehackte Kräuter nach Wahl

Die Sellerie wird in Würfel geschnitten und mit den geschälten Knoblauchzehen in Salzwasser gar gekocht. Das Wasser durch ein Sieb abschütten und die

Sellerie passieren. Den Selleriebrei mit Mehl bestäuben und vorsichtig das Mehl unterziehen, daß sich keine Knollen bilden. Nun die Milch dazugeben und auf kleinem Feuer unter heftigem Rühren etwas eindicken lassen, mit Salz abschmecken und mit frischen Kräutern bestreuen.

Selleriesalat

1 gr. Sellerieknolle
1-2 Äpfel
1 T. Haselnüsse gemahlen
1/4 l Yoghurt
Öl, Salz, Pfeffer
Zitronensaft.

Aus Öl, Yoghurt, Gewürzen und Zitronensaft machen wir eine Sauce. Dann raspeln wir die Sellerie fein, ebenso die Äpfel und die Haselnüsse, vermischen alles gut miteinander.

„Wenn du eine Tasse Tee richtig servieren kannst, kannst du alles."

Gurdjeff

Schwarzwurzeln

10 Schwarzwurzeln
1/2 T. Mehl
1/8 l Rahm (Sauerrahm)
Salz, Pfeffer,
Wasser,
Butter

Zuerst schaben wir die Schale der Schwarzwurzeln ab, weil diese bitter ist. Dann schneiden wir die Wurzeln in etwa 4–5cm lange Stücke und kochen sie im Salzwasser weich. In einer Pfanne erwärmen wir den Butter, rösten das Mehl, löschen mit etwas Wasser, salzen, pfeffern und geben dann die abgetropften Schwarzwurzeln und anschließend den Rahm dazu.

Spargelsuppe

Spargeln (auch etwas hölzige gehen noch)
Wasser, Salz

Die Spargeln in kleine Stücke schneiden und in Salzwasser kochen bis sie ganz verfallen. Das Ganze passieren und nach Belieben würzen. Wenn die Suppe zu dünn ist, vor dem Passieren geraffelte Kartoffeln mitkochen.

Spinat

1/2 kg Spinat
1/8 l Rahm od. Milch
Salz, Pfeffer, Muskatnuß, Knoblauch
Butter

Wir waschen die Spinatblätter, kochen sie in Wasser bis sie weich sind und passieren sie anschließend (fein schneiden geht auch). Dann geben wir den Spinat in einen Topf, mischen nacheinander die anderen Zutaten dazu und lassen das Ganze noch etwa 5 Min. lang leicht kochen.

Wildspinat

Aus jungen Brenesseln oder Vogelmiere können wir wie oben beschrieben einen herrlichen Spinat machen.

Spinat-Gnocchi

3/4 kg Spinat oder Mangold gekocht, gehackt und ausgedrückt
3/4 T. Quark
2 Eier geschlagen * (Soyamehl + Milch)
4 El. Butter
6 El. Mehl
1/4 T. Parmesan od. geriebener Käse
Salz, Pfeffer, Muskatnuß

Den Spinat im Butter schmoren bis fast alle Flüssigkeit verdampft ist. Den Quark dazugeben, rühren und weitere 4 Min. kochen. Das Ganze in eine Rührschüssel geben und Eier, Mehl, Käse und die Gewürze dazumischen. In einem großen Topf Salzwasser zum Kochen bringen. Die Hände leicht mit Mehl bestäuben und aus etwa 1 El. Masse längliche Bällchen drehen und vorsichtig in das siedende Wasser geben und unbedeckt 5-8 Min kochen lassen. Die fertigen Gnocchis mit der Schaumkelle heraus-nehmen, abtropfen lassen und Butter darüber geben. Wer will kann auch eine der Spaghetti-Saucen (siehe Seite 33) darübergießen. Eine andere Möglichkeit ist, sie in eine feuerfeste, flache Form zu geben, zerlassene Butter darüber zu verteilen, mit Reibkäse bestreuen und im Ofen bei geringer Hitze zu backen, bis der Käse geschmolzen ist.

Mangold

Mangold können wir wie Spinatblätter verwenden (siehe Seite 133)

Mangoldstiele

10 - 15 große Stielmangold
Mehl, Butter
Salz, Pfeffer, Muskatnuß, Curry, Senfkörner
1/8 l Rahm
Wasser

Wir ziehen die äußerste Haut der Mangoldstiele ab und schneiden die Blätter vorher ab (daraus können wir Spinat machen). Dann schneiden wir die Stiele in etwa 5 cm lange Stückchen und kochen sie in Salzwasser bis sie weich sind. Das Mehl rösten wir im Butter leicht an, geben die Gewürze dazu und löschen mit etwas Wasser ab. Den Rahm geben wir darunter. Diese Sauce kochen wir etwas, geben dann die Mangoldstiele hinein und lassen noch kurz auf kleinster Flamme weiterkochen. Es sollte eine ziemlich dicke, rahmige Sauce entstehen, also genügend Mehl (2-3 El.) verwenden.

Krautcurry

1 Krautkopf mittlerer Größe
1/2 Zwiebel
Salz, Pfeffer, schwarze Senfkörner, Curry, Cilli, Gelbpulver
Butter

Wir schneiden das Kraut fein, und kochen es mit wenig Salzwasser gar. In einer Pfanne rösten wir im Butter die Gewürze an und ziehen dann das gekochte Kraut darunter.

Krautroladen

1 Krautkopf (Weißkohl)
5 T. gekochten Reis
3 Paprika kleingeschnitten
2 Tomaten kleingeschnitten
Salz, Pfeffer, Mayoran, Basilikum, Thymian, Curry
Butter (Öl)

Wir schneiden die großen Blätter vom Krautkopf vorsichtig vom Strunk ab und kochen sie unzerteilt 5-10 Min. lang. Den Rest des Krautkopfes legen wir für ein anderes Krautgericht beiseite. Von den gekochten Blättern entfernen wir den harten Mittelteil. In einer Schüssel vermischen wir die anderen Zutaten gut miteinander und verteilen diese Füllung gleichmäßig auf die Krautblätter. Darauf rollen wir die Blätter zusammen und fixieren sie mit einem Zahnstocher oder wickeln einen Zwirn ringsherum. In einer Bratpfanne mit wenig Butter od. Öl rösten wir die Roladen auf beiden Seiten schön knusprig.

Krautsalat

Kraut (Weißkohl) feingeschnitten
Kümmel
Yoghurt, Gomasio, Öl, Salz,

Wir entfernen den Strunk und schneiden das Kraut fein, bereiten aus den anderen Zutaten eine Sauce und gießen sie über's Kraut und mischen alles gut.

Krautfleckerln

1 Krautkopf (Weißkohl)
1/2 kg Nudelteig (siehe Seite 32)
1 Zwiebel
Salz, Pfeffer
Olivenöl

Wir rösten die kleingeschnittene

Zwiebel in Öl an, geben das grobgeschnittene Kraut dazu, salzen und pfeffern und lassen das Ganze gar dünsten.
Den Nudelteig walken wir dünn aus, schneiden ihn in 1-2 cm große Quadrate und kochen diese im Salzwasser. Sobald sie weichgekocht sind, schütten wir sie in ein Sieb, lassen das Wasser kurz abtropfen, mischen sie unter das Kraut und lassen die ganze Masse noch kurz auf dem Feuer.

Kraut

1 Krautkopf (Weiß- oder Rotkraut)
1 Apfel
Salz, Pfeffer, Kümmel, Nelkenpulver
Butter od. Öl
Zitronensaft

In einer Bratpfanne dünsten wir in heißem Butter oder Öl den kleingeschnittenen Krautkopf, geben den entkernten und in 4 Teile geschnittenen Apfel dazu, salzen und würzen, fügen Zitronensaft und wenig Wasser dazu (nur damit es nicht anbrennt) und dünsten das Ganze bis der Kohl gar ist.

Dieses Rezept kann auch für Wirsing verwendet werden.

Kohl süß-sauer

6–8 T Kohl in Streifen geschnitten
3 El. Olivenöl
1/2 T. Zwiebel in Scheiben geschnitten
3 Tomaten
2 El. Weinessig, 1 El. Zucker
Salz, Pfeffer

Das Öl erhitzen und die Zwiebeln bei mäßiger Hitze glasig schmoren. Dann den Kohl, Tomaten, Essig, Salz und Pfeffer hineingeben und unter häufigem Rühren leicht kochen lassen bis der Kohl weich ist (ca. 20 Min.). Den Zucker dazugeben, gut umrühren und noch ein paar Minuten kochen lassen.

Kohlsuppe

1 kg Kohl in feine Streifen geschnitten
1 1/2 l Gemüsebrühe od. Wasser
1/2 T. feingehackte Zwiebel, 2 Knoblauchzehen
4 Scheiben Brot geröstet
Salz, Pfeffer, Soyasauce, Butter od. Öl, Reibkäse

In einer Pfanne den Butter erhitzen, darin die Zwiebeln leicht anrösten, den Kohl dazugeben und dünsten bis er gar ist, dann mit der Gemüsebrühe löschen. Das Ganze aufkochen lassen und würzen. Das geröstete Brot mit Knoblauch einreiben, in die Teller geben, Reibkäse darüberstreuen und die Suppe darübergießen.

Wirsinggemüse

1 mittlerer Kopf Wirsing (oder ein and. Kohl)
1/2 Zwiebel
3 El. Mehl
Salz, Pfeffer, Muskat, Curry,
Senfkörner
Butter

Wir rösten im Butter das Mehl leicht an, geben die Gewürze dazu und löschen mit Wasser. Dann geben wir den feingeschnittenen Kohl dazu und lassen es 20-30 Minuten dünsten. Gegen Ende des Kochvorgangs Flamme kleiner stellen.

Rosenkohl

1/2 kg Rosenkohl
Salz, Pfeffer, Basilikum, Dill, Petersilie
Butter

Wir kochen die Kohlrosen in Salzwasser und seihen sie ab, sobald sie gar sind. In einer Pfanne rösten wir in Butter die Gewürze an und schütten dies über den Kohl.

Rosenkohl mit Rahm

Wir verfahren wie umseitig beschrieben, nur geben wir zu den Gewürzen Rahm dazu und lassen die Sauce kurz kochen.

Kohlrabi-Gemüse

4 Kohlrabi
1/2 T. Mehl
Salz, Pfeffer, Muskatnuß, Curry
Butter

Wir rösten in Butter zuerst die Gewürze, geben das Mehl dazu, rösten es leicht braun, löschen mit Wasser und geben die in Stäbchen (wie Pommes frites) geschnittenen Kohlrabi dazu. Eventuell noch Wasser nachschütten, bis die Kohlrabi gerade damit bedeckt sind. Wir lassen das Gemüse auf kleiner Flamme etwa 1/2 Std. kochen

Kohlrabisalat

3 Kohlrabi
1/4 Yoghurt
Gomasio, Salz, Pfeffer, Muskatnuß, Öl

Kohlrabi schälen und fein raspeln. Aus den restlichen Zutaten eine Sauce machen und gut mit den Kohlrabi vermischen.

Blumenkohl mit Butterbrösel

1 Blumenkohl
1/4 kg Brösel
Butter
Salz

Wir waschen den Blumenkohl, schneiden ihn in Röschen und kochen ihn in Salzwasser gar. In einer Bratpfanne erhitzen wir Butter und rösten darin die Brösel. Die gekochten und abgetropften Blumenkohlröschen geben wir zu den Bröseln und wälzen sie gut darin.

Blumenkohl paniert

1 Blumenkohl
1-2 Eier *
etwas Mehl
Brösel
Butter, Salz

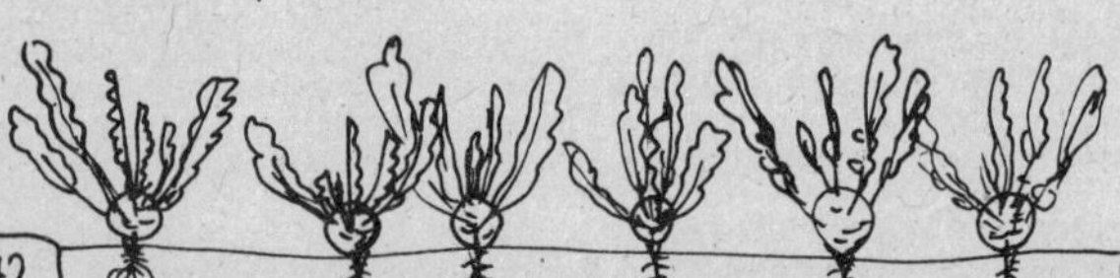

Wir kochen den in Röschen geschnittenen Blumenkohl in Salzwasser gar. In einer Schüssel vermengen wir Mehl und die geschlagenen Eier, tauchen die Blumenkohlröschen darin und wälzen sie anschließend in den Bröseln, bis sie damit voll sind. Dann braten wir sie in einer Pfanne mit Butter ringsum schön goldbraun.

Blumenkohl-Pakora

1 Blumenkohl
2 T. Kichererbsenmehl
Salz, Pfeffer, Chilli, Curry,
warmes Wasser

Wir kochen die Blumenkohlröschen in Salzwasser gar. Aus Kichererbsenmehl, warmem Wasser und den Gewürzen bereiten wir einen Teig, der so dick sein sollte, daß er gerade noch vom Löffel tropft. In diesem Teig drehen wir die Röschen und fritieren sie anschließend in heißem Butterschmalz oder Fett.

Blumenkohlcurry

1 Blumenkohl
Salz, Pfeffer, Curry, Chilli, Curryblätter, Senfkörner, Gelpulver, Butter

In Salzwasser kochen wir die Blumenkohlröschen. In einer Pfanne erwärmen wir den Butter, rösten darin die Gewürze an und geben den abgesiebten Blumenkohl dazu.

Broccoli

können gleich wie Blumenkohl zubereitet werden.

Was verdorben, geschmacklos, faul, abgestanden,
übriggeblieben und unrein ist,
stellt die von den „Trägen" geliebte Nahrung dar.

Bhagavadgita

Bohnencurry.

1/2 kg frische Bohnen
1/4 l Yoghurt
1/2 T. Kokosraspel (frisch od. getrocknet)
Salz, Pfeffer, Senfkörner, Chilli, Curry
Butterschmalz

Zuerst kochen wir die Bohnen gar (in Wasser natürlich). In einer Pfanne rösten wir im Butterschmalz die Bohnen an, geben dann die Kokosraspeln und anschließend die abgetropften Bohnen dazu. Erst wenn wir das Ganze vom Feuer genommen haben, ziehen wir das Yoghurt darunter.

Zwiebelsuppe

2-3 Zwiebeln
1 El. Butter
3 El Mehl
5 T. Wasser
Salz, gehackte Petersilie

Die klein geschnittenen Zwiebeln zusammen mit dem Mehl in Butter dünsten, anschließend mit Wasser löschen, salzen und etwa 30 Min. kochen. Die Petersilie wird am Schluß beigegeben. Ein Teil des Mehles kann durch kleine Kartoffelwürfel ersetzt werden.

Akazienküchli

4T. feingesiebtes Mehl
1-2 Eier * (Soyamehl + Milch)
1T. Milch
2T. Wasser
Akazienblüten od. Robinienblüten
Salz, Muskatnuß, Curry, Pfeffer, Chilli

Wir bereiten einen Teig aus Mehl, Eiern, Milch, Wasser, Salz und Gewürzen. Der Teig muß etwas fester sein als für Omlett und wir schlagen ihn bis er Blasen bildet. Dann tauchen wir die Akazienblüten hinein, daß sie mit Teig gut überzogen sind und fritieren sie in heißem Fett oder Öl.

Salbeiküchli

Salbeiküchli machen wir wie oben beschrieben, nur nehmen wir anstatt Akazienblüten Salbeiblätter mit Stiel.

Der Mensch lebt nicht von Brot allein

Parasol-Schnitzel

4 große Parasolpilze (Schirmpilz)
1 Ei *
Mehl, Brösel, Milch
Salz, Pfeffer
Butter od. Öl

Wir verrühren in einem Teller das Ei mit etwas Milch, geben Mehl in eine 2. Schüssel und Brösel in einen 3. Von den Parasolpilzen verwenden wir nur den Hut (dieser wird manchmal bis zu 15 cm Durchmesser haben), und salzen und pfeffern ihn. Wir tauchen ihn zuerst ins Ei, dann wälzen wir ihn im Mehl und zuletzt in den Bröseln (wie bei einem „echten Schnitzel"!!). In einer Bratpfanne mit Butter (ÖL) braten wir die „Schnitzel" auf beiden Seiten.

Chicoree im Ofen

4 Chicoree (Brüsseler)
2T. Gemüsebrühe

Die Chicoree werden der Länge nach halbiert, in eine Ofenform gelegt, die sich zudecken läßt, und mit der Gemüsebrühe übergossen. Die Form in den Ofen geben und bei mittlerer Hitze backen bis die Chicoree gerade noch leicht knackig sind (ca. 1/2 Std).

Lauch vinaigrette

1/2 kg Lauch
Salz

sauce vinaigrette: 4 El. Öl
2 El. Essig
Senf, Salz
1 Zwiebel feingehackt
1 Essiggurke feingehackt
Petersilie, Schnittlauch, Basilikum
Liebstöckel, alle Kräuter feingehackt

Der Lauch wird geschnitten und in Salzwasser gar gekocht. Anschließend gut abtropfen lassen und warm stellen.
Die Sauce wird folgendermaßen zubereitet: Salz, Senf, Essig und Öl zu einer Salatsauce rühren und die übrigen Zutaten beimengen und gut vermischen. Diese Sauce wird auf dem Teller über den Lauch gegossen. Übrigens paßt die Sauce vinaigrette auch zu anderen gekochten Gemüsen wie Blumenkohl, Rosenkohl, Broccoli, Kohlrabi, Zucchetti u.a.m.

Man kann nicht zweimal in den selben Fluß steigen

Heraklit

Früchte

Fruchtshake

1 - 2 Tassen Obst (Melonen oder Bananen, Mango, Pfirsich, Aprikosen, Birnen, Datteln, Zitronen etc .....)
1 l Milch oder Milch mit Molke vermischt
Vanillezucker *

Wir zerquetschen das Obst möglichst fein und geben es zusammen mit dem Vanillezucker zur Milch. Mit dem Schneebesen (oder Mixer) verquirlen wir das Ganze und servieren es kühl. Zitronenshake muß sofort getrunken werden, nach 10 - 15 Min. bricht sonst die Milch.

Fruchtsalat

Obst (Melonen, Äpfel, Birnen, Pfirsich, Aprikosen, Trauben, Orangen, Bananen, grüne Feigen, Kiwi, Zwetschken, Beeren und was es sonst noch gibt .....)
Zitronensaft (dann laufen viele Obstsorten nicht braun an)
Rosinen, .. Nüsse .... Trockenfrüchte ....

Zuerst pressen wir die Zitrone(n) aus und geben den Saft in eine Schüssel.

Dann wählen wir mindestens drei zusammenpassende Obstsorten (es paßt fast alles), schneiden das Obst in Stücke und mischen es gleich unter den Zitronensaft. Dann geben wir die Rosinen oder nach Belieben Nüsse, Trockenfrüchte dazu und vermischen alles gut miteinander.

Beeristurm

1/2 kg Beeren (Erd-, Him, Johannis- oder Heidel-)
2 - 4 El. geröstetes Mehl
1T. Rahm od. Milch
Zucker, Zimt

Die Beeren leicht zerdrücken und mit den übrigen Zutaten vermischen. Der Rahm kann nach Wunsch geschlagen werden.

Götterspeise

Zwieback
Früchte (Erdbeer, Ananas, Pfirsich etc ....)
Vanillepudding

Wir legen ein Backblech oder eine rechteckige Form mit Zwieback (siehe Seite 48) aus. Die in kleine Stückchen geschnittenen Früchte bestreuen wir mit etwas Zucker, damit sie Saft ziehen. Dann verteilen wir sie samt dem Saft auf den Zwieback. Jetzt kochen wir 1/2 - 1l dicken Vanillepudding (siehe Seite 23) gießen ihn über die Früchte und lassen ihn erkalten. Wenn der Pudding kalt ist, schneiden wir die Götterspeise in Stücke.

Früchte-Rösti

natürlich aus der Schweiz

3/4 - 1kg Früchte (Äpfel, Zwetschken, Rhabarber etc ...)
200g Brot (auch trockenes)
2 El. Butter
Zucker, Zimt
1/2 - 1l. Wasser

Die kleingeschnittenen Früchte mit Wasser, Zucker + Zimt weichkochen. Das Brot in kleine Würfel schneiden und in Butter leicht anrösten und unter die Früchte mischen.

Früchte-Weihe

1/4 kg Mehl
1/4 kg Butter
Zimt
1 kg Früchte (Äpfel, Birnen, Erdbeeren, Zwetschken, Pflaumen, Rhabarber, Pfirsich usw.)
1/2 l. Vanillepudding ungekocht

Aus Mehl, Butter und Zimt kneten wir einen Mürbteig und lassen ihn etwas stehen. Dann walken wir ihn 1/2 - 1 cm dick aus und legen ihn auf ein Backblech. Den Rand drücken wir ringsum mindestens 1 cm hoch oder legen eine Schlange Teig ringsum die wir gut am anderen Teig andrücken. Darauf legen wir die geschnittenen Früchte und schieben das Ganze ins vorgeheizte Backrohr. Bei mittlerer Hitze backen wir es bis der Teig halb durch ist, dann schütten wir gleichmäßig verteilt das mit dem halben Liter Milch verrührte Puddingpulver darüber und backen fertig.
Statt des Puddings können wir auch 1-2 Eier mit Milch gut verrühren und als Guß verwenden.

Glühmost

für kalte Herbsttage

1 1/2 l Süßmost
Zimt, Gewürznelken, Ingwer
Hagebuttentee, Lindenblütentee

Wir bringen den Most zusammen mit den Gewürzen zum Kochen, geben die Kräuter dazu, sobald der Most kocht und nehmen ihn gleich vom Feuer. Nun lassen wir ihn 5-10 Min. ziehen, schütten ihn durch ein Sieb und servieren ihn heiß. Paßt sehr gut zu gebratenen Maroni oder ist einfach ein herrliches Getränk, wenn der Spätherbst einem klamme Finger macht.

Süßmostcreme

1/2 l Süßmost
1/4 - 1/2 l Rahm
1 Zitrone
2 El. Honig
2 Eier *
1 El. Maispuder

Eier, geriebene Zitronenschale, Süßmost und Maispuder gut miteinander verrühren und unter ständigem Schlagen in einer Emailpfanne zum Kochen bringen. Kurz kochen lassen, dann vom Feuer nehmen und abkühlen lassen. Wenn die Creme nicht mehr so warm ist den Honig dazumischen, und wenn sie völlig erkaltet ist, den Zitronensaft und den geschlagenen Rahm darunterziehen.

Apfelstrudel

Strudelteig

4 T. feingesiebtes Mehl
1 Ei * (Milch + Soyamehl)
etwas Öl
1/2 - 1 T. lauwarmes Wasser

Füllung

10 mittl. Äpfel geraspelt
Rosinen, Haselnüße
200 g Topfen (Quark)
Zimt, Zucker
1 T. Brösel, Butter

Zuerst bereiten wir den Teig. Wir vermischen die Zutaten gut miteinander und kneten den festen Teig solange, bis er Blasen bildet. Dann lassen wir ihn unter einer angewärmten Schüssel etwa 1 Std. rasten.
In der Zwischenzeit bereiten wir die Füllung. Die Brösel rösten wir im Butter an und vermischen sie dann mit allen anderen Zutaten.
Nachdem der Teig 1 Std ausgeruht hat, walken wir ihn auf einem Tisch mit glatter Oberfläche und mit Mehl bestäubt möglichst dünn aus. Dann ziehen wir ihn in alle (4) Richtungen möglichst dünn aus. Meine Oma konnte den Teig so dünn wie Seidenpapier ausziehen, ohne daß er rißt. Wenn der Teig reißt, schneiden wir ein Stück vom Rand ab und picken es auf die gerissene Stelle. Auch der kleinste Riß muß geflickt werden, sonst rinnt dort die Füllung aus.
Wenn wir den Teig genügend ausgezogen haben belegen wir ihn gleichmäßig mit der Füllung bis etwa 8 cm vom Rand entfernt und rollen ihn anschließend zusammen. Die Nahtstellen befeuchten wir etwas und drücken sie gut zusammen.

Danach legen wir den Strudel auf ein gefettetes Backblech und backen ihn bei mittlerer Hitze bis er schön goldbraun ist (ca. 1/2 Std.).

Noch ein Tip für Liebhaber von Strudeln:
Wenn du öfters Strudel machst, lohnt es sich, ein Strudeltuch anzuschaffen. Meine Oma hatte ein extra Leinentuch (Baumwolle tut's auch) für diesen Zweck. Sie befestigte es mit Tischtuchklammern am Tisch und zog dann darauf den Strudelteig in die Länge und Breite (das Strudeltuch sollte aber auch eingemehlt werden). Vor dem Zusammenrollen nahm sie die Klammern ab und rollte den Strudel mit Hilfe des Tuches zusammen. Dadurch besteht keine Gefahr, daß der Teig beim Zusammenrollen noch reißt.

Wie die meisten Rezepte läßt sich natürlich auch dieses Rezept abändern. Du kannst andere Zutaten in die Füllung geben, z.B. etwas Birnen oder vielleicht nur mit Nüssen oder Birnen usw .....

Bratäpfel

heiße Köstlichkeit für kalte Wintertage

Wir legen auf einen Teller oder ein Backblech die gewünschte Anzahl Äpfel und backen sie im Ofen bis sie durch sind (sie sollten bis innen ganz weich sein). Etwas abkühlen lassen — schmatz —....... schmatz.

Bratäpfel - gefüllt

große Äpfel
Kokosflocken
Vanillezucker
Haselnüsse
Zimt

Wir entfernen das Innere der Äpfel (z.B mit einem Kartoffelschäler ausstechen). Die anderen Zutaten vermischen wir gut miteinander zu einer Füllung und füllen damit die Äpfel. Auf einem Backblech backen wir sie im Ofen bei guter Hitze bis sie durch sind.
Übrigens: Das Backen von Äpfeln ersetzt ein gutes Räucherstäbchen, es entsteht ein herrlicher Duft.

Apfelmus

1kg Äpfel
1 Zimtstange
Ingwerpulver, etwas Wasser,
Zucker od. Honig falls gewünscht

Wir schneiden die Äpfel in 4 Teile und entfernen

das Kerngehäuse. In einem Topf kochen wir sie zusammen mit den Gewürzen und wenig Wasser bis sie weich sind. Wir rühren oft um, damit das Mus nicht anbrennt. Anschließend passieren wir das Ganze, geben nach Belieben noch Rosinen dazu, lassen es abkühlen und servieren es.

Apfelnockerl

1/2 kg Mehl
1 Ei * (Soyamehl + Milch)
2 - 3 dl. Milch
Salz
1/2 kg Äpfel
3 El. Butter
Rosinen, Zimt, Zucker

Wir verrühren Mehl, Ei, Milch und Salz zu einem zähflüssigen Teig, rühren ihn gut durch und lassen ihn etwa 1/2 Std ruhen.
In der Zwischenzeit entfernen wir das Kerngehäuse der Äpfel und schneiden sie in Schnitze. Im Butter dünsten wir die Äpfelschnitze weich und geben während des Dünstens den Zimt und die Rosinen dazu.

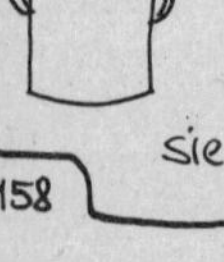

Dann bringen wir Wasser zum Kochen, geben mit einem nassen Löffel vom Teig Nockerl ins Wasser und lassen sie kochen bis sie aufsteigen. Kurz darauf schöpfen wir sie ab und vermischen sie gut mit den gedünsteten Äpfeln

Apfelbrot

(macht Wangen auch rot)

2 kg grob geraspelte Äpfel
1,5 kg Mehl
1/2 kg Feigen
1/2 kg Walnüsse
1/2 kg Rosinen
1/2 kg Honig
2 El. geriebene Schokolade
2 Eier * (Soyamehl + Milch)
4 Tl. Zimt
2 Tl. Nelken gemahlen
4 Tl. Neugewürz
1/8 l Rum
2 Backpulver *

Apfelbrot schmeckt herrlich, fast so gut wie ein Kletzenbrot (aus getrockneten Birnen + Zutaten). Man kann einige Brote aus dieser Masse machen, sie sind wie Birnbrot lange Zeit haltbar.
Wir kneten am Abend alles gut zusammen und lassen es über Nacht an der Wärme stehen. Am nächsten Morgen backen wir es bei mäßiger Hitze etwa 90 Min.

Apfelchutney

4-6 Äpfel
2 frische Chillis od. 2 El. Chillipulver
2 El. Butter
Ingwer, Zimt, Muskatnuß, Nelkenpulver, Cumin (Kreuzkümmel), von allen Gewürzen relativ viel (1 TL)
1/2 T. brauner Zucker

Die Äpfel kleinschneiden oder raspeln und mit ganz wenig Wasser weichkochen. In einer anderen Pfanne rösten wir die Gewürze im Butter an und geben dann die gekochten Äpfel und den Zucker dazu. Unter ständigem Rühren kochen wir das Ganze zu einem dicken Brei (ca. 10-15 Min). Apfelchutney wird heiß oder kalt zu Reisgerichten, Chapaties etc. gereicht. Ein Chutney muß sehr scharf sein, die Chillimenge individuell abstimmen. Dafür werden nur ganz kleine Mengen genommen.

Kokosnußchutney

1/2 Kokosnuß frisch
1 El. Butter
2 El. Dhal
1/4 l Yoghurt,
Ingwerpulver, Cumin (Kreuzkümmel), Nelkenpulver, Gelbpulver,

Senfkörner, Curryblätter, von allen Gewürzen relativ viel
1Tl. Chillipulver.

Zuerst raspeln wir die Kokosnuß fein, dann rösten wir im Butter die Gewürze an, geben das Yoghurt und die geraspelte Kokosnuß dazu und mixen im Mixer (oder vermörsern es in einem großen Steinmörser) alles möglichst fein. Falls die Masse zu dick ist, geben wir etwas Wasser dazu.

Dieses Chutney kann zu vielen indischen und anderen Spezialitäten gereicht werden: Chapaties, Idlis, Doshas, Parottas, Puris etc.......

Feigenpaste

Getrocknete Feigen, Datteln und Haselnüsse durch den Fleischwolf drehen, gut mischen und Kugeln formen.

Vanillezucker

Wir legen 1-2 Vanillestangen in ein Glas voll Zucker und verschließen das Glas luftdicht. Nach 2-3 Wochen hat der Zucker den typischen Vanillegeschmack angenommen.

Birnbrot (Kletzenbrot)

1,5 kg Dörrbirnen (Kletzen, Hutzel)
1/2 kg Dörrzwetschken
1/4 kg Rosinen
1/4 kg Feigen in Streifen geschnitten
1/4 kg Haselnüsse ganz (auch Walnüsse sind geeignet)
1/4 kg Mandeln gehackt
1,5 kg Mehl
100 g Hefe
1 T. Honig
2 El. Zimt gem.
2 El. Ingwer gem.
2 El. Kardamom gem.
1 El. Anis gem.
1 Tl. Nelken gem.

Wir kochen die Dörrbirnen und Zwetschken bis sie weich sind und schütten die Schitzbrühe in einen Topf ab. Die Zwetschken entkernen wir und drehen sie dann zusammen mit den Birnen durch den Fleischwolf. Mit dieser Masse vermischen wir gut Rosinen, Feigen, Nüsse, Mandeln, Honig und Gewürze und geben das Ganze in eine sehr große Schüssel. Darüber schütten wir das Mehl, in eine Mulde in der Mitte geben wir die in eine Tasse lauwarme Schnitzbrühe aufgelöste Hefe und lassen sie an der Wärme gut gehen (1-3 Std.). Anschliessend kneten wir zuerst das Mehl unter Beigabe von etwas lauwarmer Schnitzbrühe gut untereinander, damit die Hefe gleichmäßig verteilt wird, und dann verkneten wir die gesamte Masse (Mehl und Früchtemasse) sehr gut miteinander. Es soll ein fester Teig entstehen. Falls nötig, geben wir noch etwas Schnitzbrühe dazu. Jetzt lassen wir den Teig an der Wärme gut gehen.

In der Zwischenzeit bereiten wir den Hüllteig aus:

3/4 kg Mehl
1/2 l Wasser
20 g Hefe
Salz, etwas Butter

Wir verfahren wie bei Hefebrot (Seite 17) beschrieben. Eine andere Möglichkeit ist:

3/4 kg Mehl,
1/2 kg Butter und etwas Wasser zu einem Mürbteig zu kneten.

Sobald die Füllung und der Hüllteig gut gegangen sind formen wir aus der Füllung kleine Wecken und umhüllen sie mit dem auf etwa 3-5 mm Dicke ausgewalkten Hüllteig. Die Wecken legen wir mit der Nahtstelle nach unten auf ein Backblech, stechen einige Löcher in den Hüllteig, lassen sie nocheinmal gehen und backen sie dann im vorgeheizten Backrohr bei guter Hitze etwa 1 Stunde.

Eine andere Möglichkeit ist, den Hüllteig wegzulassen und die „Füllung" in Brotformen zu backen.

Birnbrot ist bei kühler und nicht zu feuchter Lagerung im Winter monatelang haltbar.

Caramelbirnen

4-6 Birnen
3 El. Zucker
1 1/2 T. Milch od. Wasser
2 El. Sesamsamen od. gem. Haselnüsse
1 Tl. Maispuder (Maizena)
Butter, Zimt

Die Birnen halbieren od. vierteln. Zucker und Sesam in einer nicht allzugroßen Pfanne braun werden lassen und langsam unter stetem Rühren die Milch dazugießen und Zimt beifügen. Nun werden die Birnen darin gekocht bis sie leicht weich sind. In einer Tasse Butter und Mehl gut vermengen und löffelweise Flüssigkeit aus der Pfanne dazurühren bis es recht flüssig geworden ist. Dann in die Pfanne gießen und kurz aufkochen.

Birnen al Gorgonzola

etwas besonderes für Feinschmecker – man glaubt's kaum

4 Birnen möglichst reif und weich
50 g Gorgonzola od. Blaukäse
1 dl. Rahm
2 El. gemahlene Haselnüsse od. Mandelsplitter

Die Birnen werden halbiert, das Kerngehäuse entfernt, daß eine Höhlung entsteht. Den Käse gut zu Mus zerdrücken, den Rahm dazugeben und zu einer cremigen Masse rühren. Mit den Nüssen vermischt wird diese Paste in die Höhlung leicht gehäuft eingefüllt.
Über das Ganze nocheinmal Nüsse streuen.

groß und klein
mögen Knödel gern

Zwetschkenknödel

3/4 kg Kartoffeln
1/2 bis 3/4 kg feingesiebtes Mehl
1 Ei * (Rahm, Milch oder Soyamehl)
Brösel (ungefähr 1/4 kg)
Butter
15-20 Zwetschken (oder andere Früchte wie Marillen, Pflaumen, ...)
Salz

Wir kochen allererst die Kartoffeln und zerquetschen sie. Daraus bereiten wir zusammen mit Mehl, Ei und wenig Salz einen Teig und kneten ihn eine Weile. Dann walken wir ihn etwa 1 cm dick aus und schneiden ihn in Quadrate (ca. 8-10 cm). Darauf legen wir die Zwetschken und umhüllen sie mit dem Teig (ganz gut verschließen und anschließend mit beiden Händen zu einem schönen runden Knödel drehen). Wer die Knödel gern süß hat, kann die Steine der Zwetschken entfernen und etwas Zucker einfüllen.

In der Zwischenzeit bringen wir leicht gesalzenes Wasser zum Kochen (am besten wir füllen einen großen Topf 2/3 mit Wasser voll). Sobald das Wasser kocht geben wir die Knödel hinein und lassen sie kochen, bis sie hochsteigen. (10-15 Min). Während die Knödel kochen rösten wir in einer Bratpfanne die Brösel in Butter an.

Sobald die Knödel fertig gekocht sind, geben wir sie in die Bröselmasse und drehen sie bis sie rundherum mit Brösel voll sind.
Ein kühler Kompott oder ein Apfelmus ist die ideale Ergänzung zu diesen herrlichen Knödeln.
Achtung: Es besteht die Gefahr des Überessens!

Auf dieselbe Art können wir auch aus Marillen (Aprikosen), Pflaumen, Datteln, Bananenstücke und anderen passenden Früchten Knödel machen.

Nach einer Überdosis Zwetschkenknödel

Rhabarberkompott

8-10 Rhabarberstengel
1l Wasser
Zucker

Wir schälen die Rhabarberstengel und schneiden sie in etwa 1cm lange Stücke. Zusammen mit Wasser und Zucker kochen wir sie bis sie zu zerfallen beginnen.

Gefüllte Pfirsiche

ein Hauch aus Italien

4 Pfirsiche fest, aber reif
3-4 altgebackene Bisquits (Kekse, die knusprig bleiben)
1 El. Honig
3 El. Butter
1 Eigelb *

Die Pfirsiche halbieren, die Steine entfernen und dazu noch etwas Fruchtfleisch, so daß eine rechte Höhlung entsteht. Das entfernte Fruchtfleisch mit den zerkrümelten Bisquits vermischen und die restlichen Zutaten damit verrühren. Die Pfirsiche mit dieser Mischung füllen und in einer feuerfesten Form backen bis sie weich sind (ca. 25 Min). Während des Backens die Pfirsiche öfters mit dem entstehenden Saft übergießen. Kann warm oder kalt gegessen werden.

Krisiauflauf

1/2 kg Kirschen
1-2 T. Haferflocken
1-2 T. (altes) Brot in Würfel geschnitten
1/2 l Milch
2 Eier * (Soyamehl + Milch)
1 El. Mehl, Vanillezucker

Die Eier schaumig schlagen, Milch dazugeben und Mehl und Vanillezucker darunter mischen. Den

Boden einer feuerfesten Form mit entstielten Kirschen auslegen, Brotwürfel und Haferflocken darüberstreuen bis die Kirschen bedeckt sind, wieder eine Lage Kirschen, dann Brotwürfel und Haferflocken usw. Zuoberst sollten Flocken sein. Darauf wird der Guß verteilt (es soll das Ganze damit bedeckt sein) und der Auflauf bei mittlerer Hitze etwa 1/2 Std. gebacken.

Krisikuchen

1/2 kg Mehl
1/8 kg Butter
2 El. Honig
1/2 T. Wasser od. Milch
Schale einer ungespritzten Zitrone
1 Messerspitze Backpulver * (Hefeteig)
Vanille
1/4 - 1/2 kg Kirschen

Aus den obigen Zutaten (ohne die Kirschen) bereiten wir einen lockeren Teig und kneten ihn etwa 10 Min. Zum Schluß fügen wir die Kirschen dazu, mischen sie gut unter den Teig, füllen alles in eine Backform und backen den Kuchen bei guter Hitze etwa 3/4 Std.

Wem das Backpulver unsympathisch ist, der kann aus Mehl, Wasser und 10 g Hefe zuerst einen Hefeteig anmachen, ihn gehen lassen und dann wie oben beschrieben verfahren. Der Hefeteig muß aber nocheinmal etwas gehen, bevor er gebacken wird.

Holderküchli

4 T. feingesiebtes Mehl
1-2 Eier * (Soyamehl + Milch)
Salz
1 T. Milch
2 T. Wasser
Holunderblüten
Vanille, Zitronenschale
Zucker

Aus Mehl, Eiern, Salz, Milch, Wasser, Gewürzen und Zucker bereiten wir einen Teig, der etwas fester sein sollte als der Omlett-Teig. Wir schlagen den Teig bis er Blasen bildet, tauchen die Holunderblüten darin ein, daß sie mit Teig überzogen werden, und fritieren sie in heißem Erdnußöl oder Butterschmalz.
Die Holderküchli schmecken sehr gut und man/frau ist leicht versucht zuviel davon zu essen, zumal sie relativ schwer verdaulich sind.
(Für alle Fälle - Schwedenkräuteralkohol tut wohl)

Holderkompott

10 Holunderbeertrauben
10 Zwetschken
Zimt
Zucker
1 l Wasser

Wir lösen die Holunderbeeren von den Stielen, entkernen die Zwetschken und bringen alle Zutaten in einem Topf zum Kochen. Wir kochen bis Beeren und Zwetschken weich sind.
Wer will kann den abgekühlten Kompott auch mit Honig abschmecken.

Holdersekt

10 frische Holunderblüten
3-5 unbehandelte Zitronen
1 kg Zucker
10 l Wasser

Wir pflücken die Holunderblüten nur bei ganz schönem Wetter und setzen sie gleich anschließend an. Wir geben in einen Kübel 10 l Wasser, dazu die Blüten,

die in 4 Teile geschnittenen Zitronen und den Zucker. Diesen Ansatz lassen wir an der (wenn das Wetter schlecht wird an einem warmen Ort) stehen, bis die Blüten anfangen braun zu werden (dauert normal 3 Tage). Dann filtern wir den Saft ab und füllen ihn in heiß gewaschene Flaschen, die wir luftdicht verschließen. Wir stellen die Flaschen in den Keller. Nach etwa 1-2 Wochen ist der Sekt fertig, wir können vorsichtig die 1. Flasche öffnen. Ganz kühl gelagert hält sich der Saft bis zu einigen Monaten.
Allerdings hat er dieses Jahr bei uns so stark gegärt (in der Toscana), daß es Flaschen zerrissen hat. Also Vorsicht!

Erdbeersalat

Die frischen Erdbeeren in Stücke schneiden, zuckern und - man/frau glaubt es kaum - mit ganz wenig Essig beträufeln. Ein wenig ziehen lassen und servieren.

Maroni-Omlett

toscaner Spezialität

Maronimehl
Wasser

Aus lauwarmem Wasser und Maronimehl machen wir einen dickflüssigen Teig und braten ihn wie Omlett in einer Bratpfanne.

Maronicreme

1/2 kg Maroni
1/8 l Rahm
Vanillezucker
Butter, Zucker

Wir schneiden die Maroni ein und kochen sie in Wasser bis sie weich sind. Dann entfernen wir die beiden Schalen (die äußere und die dünnere braune) und passieren die Maroni. In einer Pfanne mischen wir die Maronimasse mit den anderen Zutaten, erwärmen die Creme und nehmen sie vom Feuer, nachdem sie nocheinmal kurz gekocht hat.

Maroniaufstrich

½ kg Maronen (Edelkastanien)
1 T. Olivenöl
Salz

Wir kochen die Maronen etwa ½ Std lang, schälen sobald sie etwas ausgekühlt sind die dicke äußere und die dünne innere Schale weg und zermörsern (oder mixen) die Maronen. Die Maronenmasse verrühren wir anschließend mit Öl und Salz solange, bis sich das Öl mit den Maronen verbunden hat (eventuell auch mit Wasser zu einer Paste verrühren). Dieser Brotaufstrich kann im Kühlschrank bis zu 2 Wochen aufbewahrt werden. Wenn sich das Öl wieder etwas absetzt, einfach gut rühren.

Maronimarmelade

Aus den gekochten und geschälten Maronen kann wie aus anderen Früchten eine Marmelade bereitet werden, die sehr gut schmeckt (siehe auch Seite 174).

Bananenchips eine köstliche Spielerei

Wir schneiden Bananen in dünne Scheiben und braten sie in heißem Butterschmalz. Anschließend etwas abtropfen lassen und salzen oder süßen oder einfach nur servieren.

Hagebuttenmarmelade

die ideale Arbeit für trübe Spätherbsttage

1 kg entkernte Hagebutten
1 kg Zucker weiß (leider) *
Zitronensaft

Wir sammeln die Hagebutten am besten nach dem ersten Frost, dann sind sie süß und haben den höchsten Vitamin C-Gehalt. Dann folgt die schwierigste Arbeit. Wir schneiden die Hagebutten entzwei und entfernen die Kerne und die im Innern enthaltenen feinen Häärchen. <u>Vorsicht</u>: Diese Haare beißen und jucken ganz toll und es ist gar nicht nett, sie jemand anderem oder auch sich selbst in den Hals zu stecken.
Die entkernten Hagebutten geben wir zusammen mit Zucker und Zitronensaft in einen Topf, erwärmen das Ganze und lassen es 10 Min. sprudelnd kochen. Dann nehmen wir es vom Feuer und füllen die Marmelade in heiß gewaschene, gut abgetrocknete Gläser, die auf einem nassen Tuch stehen und in die wir jeweils beim Einfüllen einen silbernen Löffel geben, damit die Gläser nicht springen. Die Gläser gut verschließen und kühl lagern.
Der Vitamin C-Gehalt der Hagebutten erhöht sich durch das 10-minütige Kochen noch beträchtlich. Trotz des Zuckers ist diese Marmelade also ein guter Vitaminspender für Vitamin C arme Zeiten (Frühjahr). Wenn dir der Zucker nicht sympatisch ist, so kannst du ihn weglassen. Dann mußt du aber das Hagebuttenmus in Sterilisiergläser (Rex-Gläser) einfüllen und sofort verschließen. Dazu gießen wir ganz wenig Alkohol (Schnaps) in den Deckel,

zünden den Alkohol an und pressen den Deckel aufs Glas, solange es noch brennt und fixieren ihn mit einer Klammer. Unter einem Tuch langsam abkühlen lassen. Diese Methode hat jedoch den Nachteil, daß das Hagebuttenmus nach dem Öffnen sehr schnell verbraucht werden muß.

Quittenzeltchen

1 kg Quitten
1/2 kg Zucker
Zitronensaft, Ingwerpulver

Wir kochen die ganzen Quitten (wir können sie auch vierteln, dann gehts schneller) in Wasser bis sie weich sind. Dann schütten wir das Wasser ab (es kann auch für Kompott verwendet werden) und passieren die Quitten. Zusammen mit den anderen Zutaten bringen wir dann die Quittenmasse zum Kochen und lassen sie solange kochen, bis der Brei anfängt dick zu werden. Auf ein Backblech legen wir ein gefettetes Fließpapier oder eine Alufolie, gießen die Quittenmasse drauf und verteilen sie gleichmäßig. Wenn die Masse erkaltet ist schneiden wir sie in Stücke und legen die Stücke in einen verschließbaren Behälter. Wenn wir die Zeltchen übereinanderlegen, streuen wir nach jeder Lage etwas Zucker, sie kleben dann weniger zusammen. Falls die Quittenmasse nach dem Erkalten noch nicht fest genug ist, können wir sie im Backofen bei geringer Wärme noch etwas nachtrocknen.

Fruchteis

1/2 kg Früchte (Erd-, Him-, Brombeeren, Apfel, Birnen etc .....)
2 1/2 T. Wasser
1/4 - 1/2 T. Zucker
Vanillezucker, Zitronensaft

Die Früchte zerkleinern und zermusen und mit den anderen Zutaten gut vermischen. Das Ganze in einer möglichst flachen Form zum Gefrieren bringen. Dabei ab und zu rühren, damit sich keine Eisklumpen bilden.

Granite

Wassereis aus Fruchtsäften

Früchte
Wasser
Zucker

Die Früchte zermusen, mit Zucker bestreuen, ziehen lassen und durch ein Tuch auspressen. Mit Wasser verdünnen, bis der Saft etwas konzentrierter schmeckt als ein Fruchtsaft zum Trinken. Diesen Saft einfrieren. Das Gefrorene sollte eine schneeartige Konsistenz haben. Dies wird durch häufiges Umrühren während des Gefrierens erreicht oder durch anschließendes Zerkleinern (Mörser, Mixer ....).

Hülsenfrüchte
Ölsaaten

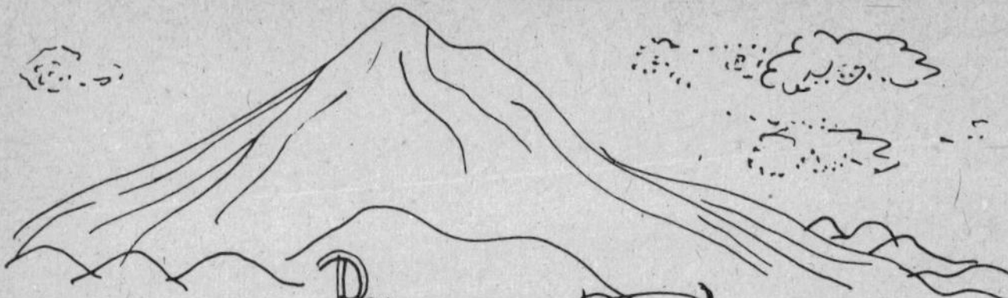

Prana-Bindu-Balls

geballte Energie

4 T. Kokosflocken
2 T. Rosinen
1 T. Datteln zerkleinert (d. Fleischwolf drehen)
1 T. Ceshewnüsse gebrochen (zerkleinert, gemahlen)
1 T. Sonnenblumenkerne zerkleinert, gemahlen.
1/2 T. Sesam geröstet
1/2 T. Johannisbrot zerkleinert
3 El. Honig
2 El. Haferflocken

Wir mischen alle Zutaten in einer Schüssel gut zusammen, den Honig geben wir zuletzt dazu. Dann formen wir pflaumengroße Kugeln daraus.
Wenn die Masse zu bröselig ist, geben wir entweder mehr Honig oder etwas Milch oder Wasser dazu, aber nur ganz wenig.
Diese Balls sind wirklich ein Energie-Flash. Sie können lange aufbewahrt werden. Sparsam essen.

Sesamsweets

1 Teil Sesamsamen
1 Teil brauner Zucker (od. besser noch Honig)

In einer Pfanne rösten wir den Sesam gut an. In einer anderen Pfanne erhitzen wir den Zucker (Honig) bis er flüssig wird, geben den gerösteten Sesam hinein, verrühren alles gut und gießen die Masse in eine gebutterte Form, wo wir es erkalten lassen und kleinschneiden. Eine andere Möglichkeit ist, kurz vor dem Festwerden die Masse zu kleinen Kugeln zu formen.

Gomasio

6-10 Teile Sesamsamen
1 Teil Salz

Wir rösten getrennt voneinander den Sesam und das Salz gut an, mischen beides zusammen und zerdrücken es in einem Mörser oder mit einem Nudelwalker oder ähnlichem Instrument, in einem Mixer geht's auch).
Gomasio ist ein vorzüglicher Brotaufstrich, verfeinert viele Speisen (einfach darüberstreuen) und gibt z.B. zusammen mit Yoghurt u. Öl eine gute Salatsauce.

Tahin

kann gleich wie Gomasio verwendet werden. Es gibt davon 2 Varianten:
eine gesalzene und eine ungesalzene.
Wir rösten Sesam in einer Pfanne schön goldbraun (aber nicht anbrennen) und vermahlen ihn anschliessend möglichst fein. Am Besten geht es mit einer Mohnmühle auf Feineinstellung. Es sollte eine breiige Masse entstehen. Mit der Zeit kann sich oben Öl ansetzen, in diesem Fall rühren wir einfach gut um. Wenn wir gesalzenes Tahin machen wollen, rösten wir im gleichen Verhältnis wie beim Gomasio Salz und mischen es vor dem Mahlen zum Sesam.

Mohnnudeln

Kartoffelnudeln (Siehe Seite 105)
Brösel, Butter
2T. gemahlenen Mohn
Zucker

Wir bereiten die gewünschte Menge Kartoffelnudeln. Während die Nudeln kochen, rösten wir im Butter die Brösel goldbraun und wälzen darin die nur ganz kurz abgetropften Nudeln, sobald sie gekocht sind. In einer Schüssel vermischen wir die mit Brösel bedeckten Nudeln mit dem gemahlenen Mohn und etwas Zucker.

Anstatt Kartoffelnudel können wir auch gewöhnliche Nudeln verwenden.

Mohnstrudel

Teig:

1/2 kg Mehl
15 g Hefe
Wasser

Füllung:

3 T. gemahlenen Mohn
1 T. gemahlene Haselnüsse
1/2 T. Rosinen
1/2 T. Zucker
1/2 l Milch
Butter, Zimt, Rum*(extrakt)

Zuerst bereiten wir einen festen Hefeteig, wie unter Hefebrot (Seite 17) beschrieben. In einer Pfanne rösten wir im Butter zuerst die Rosinen und Nüsse an, dann geben wir Mohn, Milch, Zucker und Zimt dazu und rühren ständig (damit es nicht anbrennt) bis die Masse dick wird. Zum Schluß geben wir den Rum dazu.
Sobald der Hefeteig genug gegangen ist rollen wir ihn auf 1cm Dicke aus und verteilen darauf gleichmäßig die Mohnmasse. Darauf rollen wir den Teig mit der Füllung zusammen und legen den Strudel auf ein gefettetes Blech und backen ihn im Ofen bei mittlerer bis starker Hitze etwa 3/4 Std.

Nußmus

Wir rösten Haselnüsse in einer Pfanne (dauernd rühren) oder auf einem Backblech im Ofen bei geringer Hitze bis sie gut duften. Dann drehen wir sie noch warm durch eine geeignete Mühle (z.B. Mohnmühle). Die Mühle darf nicht abreiben, sondern sie muß quetschen. Nur dann wird ein Teil des in den Nüssen enthaltenen Öls frei und es entsteht ein richtiges Mus.
Nußmus ist gut verschlossen und kühl und trocken gelagert monatelang haltbar. Auf dieselbe Weise kann aus Erdnüssen oder aus Mandeln ein Mus bereitet werden.

Mandelmilch

1 T. Mandeln
6 T. Wasser
2 El. Honig *

Wir werfen die Mandeln in siedend heißes Wasser und lassen sie etwa 5 Min drinnen. Jetzt kann die braune Haut gut abgeschält werden. Dann zerkleinern wir die Mandeln möglichst fein. Dazu können wir einen Mörser verwenden oder wir geben sie zusammen mit ein wenig Wasser in einen Mixer. Diesen Mandelbrei verrühren wir ganz gut mit den restlichen Zutaten und fertig ist das köstlich-nahrhafte Getränk.

Eine andere Art, die sehr schnell geht:
Wir verrühren 1-2 El. Mandelmus gut mit einem Liter Wasser. Nach Belieben können wir mit Honig süßen.
Mandelmilch kann in fast allen Fällen Kuhmilch ersetzen.

Marzipan

1/2 kg geschälte Mandeln
1/2 kg Honig dickflüssig

Mandeln mit Schale geben wir zuerst 5 Min in kochendes Wasser und schälen sie dann (mit Zeigefinger und Daumen auf die Mandel drücken und sie schwuppst heraus aus der Schale). Wir trocknen dann die Mandeln gut und mahlen sie möglichst fein. Sie sollen allerdings nicht gequetscht werden. Dann verkneten wir die Mandeln mit dem Honig, der möglichst dickflüssig sein sollte.

Wenn die Masse zu dünn wird, können wir sie auf ein Backblech streichen und etwas trocknen lassen.

Wir schneiden die Masse in Stückchen, rollen Kugeln oder wir können Männchen, Tiere usw. daraus formen.

Gelbes Dhal-Püree

2T. Gelbe Erbsen (Spalterbsen) = getrocknete Erbsen
1 Tomate
Wasser
Salz, Curry, Chili, Senfkörner, Curryblätter

Wir weichen die Erbsen über Nacht in viel Wasser ein und sieden sie am nächsten Tag bis sie weich sind. Anschließend passieren wir sie fein. In einer Pfanne rösten wir im Butterschmalz die Gewürze an und geben die passierten Erbsen und die feingeschnittene Tomate dazu. Auf kleiner Flamme lassen wir das Ganze noch kurz kochen. Wenn der Brei zu dick ist, geben wir noch etwas Wasser dazu.
Dieses Dhal-Püree paßt gut zu Chapaties oder Reis. Es kann auch aus grünen Erbsen bereitet werden.

Sweet Dhal

1T. gelbe Erbsen (Spalterbsen)
Rosinen
3T. Milch
Kardamom, Zucker, Butterschmalz

Wir rösten zuerst die Erbsen bis sie gut riechen. In einer anderen Pfanne rösten wir im Butterschmalz die Rosinen bis sie sich aufblähen, geben dann Milch, Kardamom und die gerösteten Spalterbsen dazu und kochen bis die Erbsen weich sind. Dann süßen wir mit Zucker und servieren.

Linsen

3T Linsen
Wasser
Salz, Pfeffer, Lorbeerblätter, Pfefferminzblätter
1 Karotte feingewürfelt, 1Tomate feingewürfelt
etwas Sellerieblätter feingeschnitten.

Wir weichen die Linsen über Nacht ein und schütten das restliche Wasser am nächsten Tag ab. Danach geben wir die Linsen zusammen mit 5 T. Wasser und den übrigen Zutaten in einen Topf und kochen das Ganze bis die Linsen weich sind. Zum Schluß geben wir noch etwas Butter oder Olivenöl darüber

Linsensuppe

bereiten wir wie oben beschrieben. Wir nehmen aber nur 1T. Linsen und dafür mehr Wasser. Wir kochen bis die Linsen ganz weich sind.

Bohnen nach toscaner Art

3 T. weiße od. andere Bohnen getrocknet
4 T. Wasser
Salz, Pfeffer, Knoblauch, Salbei, Lorbeer

Wir weichen die Bohnen über Nacht ein und schütten am Morgen das Wasser ab. In einem Kochtopf geben wir 4 T. Wasser, die Bohnen und anderen Zutaten und kochen bei mittlerer Hitze, bis die Bohnen weich sind.

Bohnensuppe

1 1/2 T. weiße Bohnen (eingeweicht)
1 l Wasser
Salz, Pfeffer, Bohnenkraut, Estragon, Salbei, Lorbeer, Muskat
1 El. Mehl, Butter

Wir rösten das Mehl und die Gewürze ein wenig in Butter, löschen mit Wasser, geben die eingeweichten Bohnen dazu und kochen bis sie weich sind.

Kichererbsen indisch

2T. Kichererbsen
1/2T. Kokosnuß gerieben *
Salz, Pfeffer, Curry, Chilli, Gelbpulver,
Senfkörner, Cumin
Butterschmalz
Wasser

Wir weichen die Kichererbsen über Nacht in der doppelten Menge Wasser ein. Am nächsten Tag schütten wir das eventuell noch vorhandene Wasser ab. In einer Pfanne rösten wir die Gewürze im Butterschmalz an, geben dann die Kichererbsen und 2 T. Wasser dazu und lassen das Ganze etwa 1 Std lang leicht kochen. Zum Schluß fügen wir die Kokosnuß dazu

Kichererbsen - Sweetballs

2T. Kichererbsen
2T. Wasser
1T. Milch
Rosinen, Kokosflocken, Kardomom gem., Ingwer-pulver, Zucker

Wir weichen die Kichererbsen über Nacht ein, schütten dann das Wasser weg und kochen sie mit Wasser (2T.) und Milch weich. Anschließend passieren wir die Kichererbsen gut mit den übrigen Zutaten und formen kleine Bällchen daraus, die wir in Kokosflocken wälzen und trocknen lassen.

Plain Dhal

1T. Dhal (gespaltene grüne, braune od. schwarze Soyabohnen, oft geschält)
Butterschmalz
Salz, Pfeffer, Chilli, Gelbpulver, Curry, Senfkörner
Wasser.

In einer Pfanne erwärmen wir das Butterschmalz und rösten darin die Gewürze und das Dhal. Dann geben wir soviel Wasser dazu, daß alles gut bedeckt ist und lassen es kochen, bis das Dhal weich ist. Wenn nötig etwas Wasser nachfüllen.
Zur Abwechslung können wir auch eine kleingeschnittene Tomate mitkochen.

Gekeimte Urdh-Bohnen

Wir verwenden grüne Urdh-Bohnen (grüne Soyabohnen) und weichen die gewünschte Menge über Nacht in der doppelten Menge Wasser ein. Am nächsten Tag schütten wir das Wasser weg und gießen frisches Wasser dazu und lassen die Bohnen an der Wärme stehen. Am nächsten Tag wieder gleich verfahren. Sobald sich die ersten Keime zeigen, schütten wir das Wasser ab, geben ein reines, nasses Tuch in einen flachen Behälter (Backblech oder ähnliches) und legen die Urdh-Bohnen darauf aus. Das Tuch muß dann immer naß gehalten werden, die Bohnen sollen jedoch nicht mit Wasser bedeckt sein. Sobald die Keime gut sichtbar sind können wir die Urdh-Bohnen verwenden. Länger als 1-2 cm sollte man/frau die Keime jedoch nicht werden lassen.
Gekeimte Urdh-Bohnen sind sehr gesund, sie werden roh entweder in einem Salat, in einem rohen Müsli oder ähnlich verwendet.

Soyabohnenpüree

Aus grünen oder gelben Soyabohnen können wir wie aus Spalterbsen (siehe Seite 184) ein feines Püree bereiten. Nach Belieben können wir beim letzten Kochvorgang noch feingeraffelte Karotten und/oder Sellerie dazumischen.

Soyamilch

das Vegan - Rezept

2 1/2 T. Soyabohnen (gelbe)
13 T. Wasser

Wir geben die Soyabohnen in einen Topf oder eine Schüssel und bringen währenddessen etwa 6 T. Wasser zum Kochen und gießen sie zu den Soyabohnen. Dann lassen wir die Soyabohnen 3-4 Std zugedeckt stehen. In dieser Zeit gehen sie stark auf. Anschließend lassen wir sie durch einen Fleischwolf, möglichst mit feinen Löchern oder mörsern, (mixen) sie, so daß eine ziemlich feine Paste entsteht. In einem großen Topf bringen wir nun 13 T. Wasser zum Kochen. Sobald das Wasser kocht, geben wir die Soyabohnenmasse hinein und lassen das Ganze unter öfterem Rühren 20 Min. lang kochen. Dann schütten wir die Flüssigkeit durch ein großes Sieb, in das wir ein Tuch legen, in einen großen Topf, binden das Tuch oben zusammen und hängen es zum Austropfen auf. Sobald die Masse etwas ausgekühlt ist können wir sie von Hand noch ganz gut ausdrücken. Jetzt haben wir im Topf die Soyamilch und im Tuch den Soyabohnenrückstand. Die Milch stellen wir gleich kalt. Je schneller wir sie abkühlen, umso länger bleibt sie frisch. Normalerweise hält sich die Soyamilch etwa so lange wie Kuhmilch.

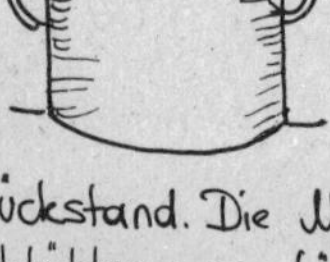

Wir können die Dicke der Soyamilch variieren, indem wir die Soyabohnenmasse in mehr oder weniger Wasser kochen.

Das richtet sich nach Geschmack und Verwendungszweck. Außerdem wird die Dicke davon bestimmt, wie fein wir die Bohnen zermahlen. Je feiner wir sie machen, umso dicker wird die Milch werden. Jedoch wenn wir die Masse zu fein machen, bekommen wir Probleme beim Filtern der Milch.
Der Soyabohnenrückstand kann in vielen Rezepten zum Teil Reis od. Mehl ersetzen, wir können den Rückstand weichkochen, passieren und gut gewürzte Bratlinge machen oder einfach untenstehendes Rezept verwenden.
Mit Soyamilch können wir Kuhmilch in allen Fällen ersetzen. Wir können daraus genau gleich Joghurt zubereiten wie aus Kuhmilch, sogar mit Kuhmilchjoghurt impfen. Allerdings schmeckt die Soyamilch nicht wie Kuhmilch, ihr Eigengeschmack kann aber sehr gut durch Gewürze etc. übertönt werden.

Soya-Rösti

Soyabohnenrückstand aus Soyamilchzubereitung
Salz, Pfeffer, Mayoran, Thymian ....
Öl

Wir erwärmen Öl in einer Bratpfanne und rösten darin die Soyarückstande zusammen mit den Gewürzen. Falls die Sache zu trocken ist, fügen wir ein wenig Soyamilch dazu. Wir rösten bis alles schön goldbraun ist.

TOFU

3l Soyamilch
3El. Zitronensaft oder Essig

Am besten wir verwenden die frisch zubereitete, noch heiße Soyamilch und rühren langsam den Zitronensaft oder Essig gut dazu. Kalte Soyamilch erwärmen wir auf gut 80°C, bevor wir den Zitronensaft oder Essig dazugeben. Dann lassen wir die Soyamilch an einem Platz stehen (etwa 10 Min.). In dieser Zeit müßte sich der feste, milchige Teil von der gelblichen Molke abgesetzt haben. Wenn nicht, geben wir noch etwas Zitronensaft dazu, kontrollieren die Temperatur und rühren nocheinmal vorsichtig. Wenn die Soyamilch geronnen ist lassen wir sie noch kurz stehen und schütten sie dann vorsichtig durch ein Tuch (zuerst die Molke durchschütten, damit der feste Teil nicht gleich das Tuch verstopft). Wir hängen das Tuch auf und lassen die restliche Molke abtropfen. Eventuell mit leichtem Drücken nachhelfen. Im Tuch pressen wir dann das Tofu entweder zu einem Block oder einer nicht zu großen Kugel. Wir nehmen es aus dem Tuch, legen es in eine Schüssel mit Salzwasser und stellen es kalt (Kühlschrank). Das Salzwasser sollte jeden 2. Tag gewechselt werden. Auf diese Art ist Tofu bis zu 10 Tagen haltbar.

Die Festigkeit des Tofu hängt davon ab, wieviel Zitronensaft wir beigeben, wie schnell und bei welcher Temperatur. Je mehr Zitronensaft wir verwenden und je höher die Temperatur, umso fester wird das Tofu. Wenn es nicht fest genug wird, müssen wir die Soyabohnen, aus denen wir die Milch machen, besser zermahlen oder mörsern. Wir können Tofu wie Käse verwenden. Ein weiches Tofu verwenden wir, wenn wir es unter etwas mischen wollen; wenn wir Tofu statt Mozzarella oder Schmelzkäse verwenden, sollte es ziemlich fest sein. Tofu hat fast keinen Eigengeschmack, daher immer gut würzen, wenn es statt Käse verwendet wird. Tofu schmilzt auch nicht so gut wie Käse.

Joghurt

1 l Milch
1 El. Yoghurt

Wir kochen die Milch ab und lassen sie auf etwa 40°C abkühlen. Sterilisierte Milch müssen wir nicht abkochen, sondern nur auf 40°C erwärmen. In einer Tasse mischen wir das Yoghurt mit einigen Löffeln von der Milch und rühren es langsam zu der restlichen Milch, die wir in eine vorgewärmte Schüssel gegeben haben. Dann decken wir die Schüssel gleich zu und stellen sie etwa 12 Std. an die Wärme (ideal sind ca. 25°C). Wenn wir das Yoghurt am Abend anmachen, gleichzeitig das Backrohr auf etwa 50°C vorheizen und dann die Schüssel über Nacht hineinstellen, wird die Temperatur ziemlich ideal sein.
Vom fertigen Yoghurt nehmen wir 1-2 El. weg für den nächsten Ansatz.

Sauermilch

ist ähnlich wie Yoghurt. Sie entsteht, wenn wir die Milch an einem warmen Platz stehen lassen bis sie dick wird. Von dieser Dickmilch können wir 1 El. nehmen, um die Milch zu impfen. Funktioniert dann gleich wie die Yoghurt-Bereitung.

Lassie

2T. Yoghurt
2T. Milch od. Molke
2T. Wasser

miteinander gut verrühren. Nach Belieben salzen, süßen oder mit zerstoßenen Früchten vermischen.

Sauerrahmsuppe

1l Wasser
1/8l Sauerrahm (oder Buttermilch)
3El. Mehl
Salz, Pfeffer, Kümmel, Petersilie

Wir verquirlen das Mehl mit dem kalten Wasser, geben den Sauerrahm und die Gewürze dazu und lassen das Ganze kurz aufkochen. Fertig.

Jay

indisches Nationalgetränk

1l Wasser
1/2 l Milch
1-2 Tl. Schwarztee
Kardamom, Ingwer, Zimt ... nach Belieben

Wir bringen das Wasser zum Kochen, geben die gemahlenen Gewürze und den Tee dazu und schütten gleich darauf die Milch hinein. Sobald der Jay das erste Mal hochkommt vom Feuer nehmen, kurz umrühren, nochmals aufs Feuer geben bis er wieder hochkommt, dann wegstellen, einige Minuten ziehen lassen und durch ein Sieb schütten.
Mit Schaf-oder Ziegenmilch wird der Jay noch besser. Wer oft Jay macht, sollte einen extra Kochtopf nur für den Jay haben und sonst nichts darin kochen (weil der Jay sonst den Geschmack annimmt).

Karamelmilch

1l Milch
1/2 (1/4 T.) Zucker

Wir erhitzen in einer Pfanne unter ständigem Rühren den Zucker und rösten ihn bis er den Karamelgeschmack entwickelt. Vorsicht ist geboten, der Zucker brennt leicht an. Dann schütten wir die Milch dazu und erwärmen unter häufigem Rühren bis die Milch warm ist.

Frühlingstopfencreme

1/4 kg Topfen (Quark)
1-2 Tl. Paprika edelsüß
1-2 Tl. Kümmel
1/8 l. Rahm (od. Yoghurt)
3 feingeschnittene Radieschen
Petersilie, Kerbel, Schnittlauch, Salz, Pfeffer
(oder andere Wildkräuter)

wir geben alle Zutaten (die Kräuter fein schneiden) in eine Schüssel und verrühren sie gut miteinander, so daß eine Creme entsteht.

Currytopfen

1/4 kg Topfen (Quark)
1 Tl. Muskatnußpulver
1-2 Tl. Curry
1/2 Tl. Cumin gemahlen
1/8 l Rahm oder Yoghurt

vermischen wir in einer Schüssel gut miteinander und rühren bis es cremig wird.

Topfencreme süß

1/4 kg Topfen
1/8 l Rahm oder Yoghurt
Rosinen, gemahlene Haselnüsse (Mandeln)
Vanillezucker (Vanillestange zermörsert)
Zitronensaft

Wir vermengen alles gut und rühren bis die Masse cremig wird. Wer es gern süßer hat, kann mit Honig, Datteln- oder Feigenmasse süßen.

Topfenauflauf

1/2 kg Topfen
3 T. Mehl
1 Ei * (Soyamehl + Milch)
Rosinen, Haselnüsse gem., Zimt, Cardamom
1/8 l Rahm
1/2 T. Brösel
Zitronenschale unbehandelt, Vanillezucker

Wir vermischen den Topfen mit allen anderen Zutaten außer Mehl. Zum Schluß rühren wir das Mehl dazu, geben das Ganze in eine gebutterte feuerfeste Form und backen den Auflauf auf mittlerer Hitze bis er goldbraun ist (30-45 Min).

Topfenkuchen

1/2 kg Topfen (Quark)
4 gekochte zerdrückte Kartoffeln
2T. Mehl
1 Ei* (Sojamehl + Milch)
1/2 T. Rosinen
Nüsse, Zucker, Vanillezucker *

Wir vermischen alle Zutaten gut miteinander, geben sie in eine gebutterte Kuchenform und backen den Kuchen bei guter Hitze etwa 1/2 - 3/4 Std.

Die Wasungu (Europäer) machen die Schweine, die sie essen wollen, künstlich krank, damit sie ganz dick werden. Sie zwingen diese Tiere, hastig zu schlucken und dann zu ruhen. So mästen sie die Tiere.

Lukanga Mukara

Papanasch

1/2 kg Topfen (Quark)
1 oder 2 Eier * (Soyamehl und Milch)
3 El. Mehl
Brösel
Salz, Pfeffer, Muskatnuß

Wir vermengen die Zutaten miteinander und geben dabei soviel Brösel dazu, daß sich Knödel formen lassen. Aus dieser Masse formen wir nicht allzugroße Knödel und kochen sie nur sehr leicht in Salzwasser bis sie hochsteigen. Kurz darauf entnehmen wir sie und servieren sie entweder mit Reibkäse bestreut oder mit einer Sauce (Salbeisauce ist sehr gut dazu) übergossen.

Topfen-Yoghurt-Nachspeise

1/8 kg Topfen
1/4 - 1/2 l Yoghurt
1 T. frische Früchte (oder auch fein geraffelte Karotten)
Vanillezucker, Zucker, Rosinen, Nüsse, Zitronensaft.

Alles gut miteinander verrühren (Mixer).

Weichkäse (Frischkäse)

3l Milch
1 Messerspitze Labpulver od 1-2 Tropfen Lab flüssig

Wir erwärmen die Milch auf 36-40°C, rühren das Lab gut darunter, decken die Milch zu und lassen sie an der Wärme stehen. Sie sollte die Wärme möglichst behalten. Nach 1/2 - 2Std (je nach Temperatur) ist die Milch geronnen. Wir schneiden sie von oben kreuz und quer durch und lassen sie nocheinmal 1/2 Std stehen. In dieser Zeit setzt sich die Molke ab. Jetzt schütten wir das Ganze in eine Käseform, durch die Löcher rinnt die Molke ab. Der Käse bleibt etwa 12 Std in der Form, die öfters umgedreht wird. Dann nehmen wir ihn heraus, schneiden den Käse in 2cm dicke Scheiben, salzen diese gut ein und lagern sie kühl, dunkel und fliegensicher mindestens 10 Tage lang.
Wer keine Käseform hat, kann die geronnene Milch in ein Sieb schütten, das mit einem Leinen- oder Baumwolltuch ausgelegt ist, und abtropfen lassen. In diesem Fall den Käse mit Salz mischen und in den nächsten Tagen verwenden oder Kugeln formen und wie beschrieben verfahren.
Wer sich die Mühe machen will, einen Hartkäse zu machen oder mehr über Käseherstellung wissen möchte, kann dies im „Handbuch für Selbstversorger" nachlesen.

Sig oder Wälder Schoki

Molkeverwertung der Bregenzerwälder-Bauern.

Wir kochen die Molke in einem breiten Topf unter öfterem Umrühren bis sie dick wird (6-8 Std). Die Masse in eine Form gießen, abkühlen und erstarren lassen und zerschneiden.
Der beim ersten Kochen entstehende Schaum kann abgeschöpft werden. Wir lassen ihn erkalten und mischen ihn mit Kräuter ---- dann haben wir Zieger.
Das obige Rezept für Sig kann natürlich auf verschiedene Arten verfeinert werden:
Mit Kakao und Zucker vermischt erinnert es entfernt an Schokolade.
Mit Ingwerpulver, Kardamom, Zimt, Butter und Zucker dazugemischt schmeckt es fast wie indische Milch- Sweets.
Wer es noch weiter ausbauen will, kann auch Nüsse, Rosinen usw. dazugeben. Wir mischen alle diese Zutaten kurz vor Ende des Kochvorgangs dazu.

Häsknöpfli

Wir bereiten Knöpfli wie im Rezept Seite 31 beschrieben und halten geriebenen Käse (Mischung aus Räßkäse und einer milden Sorte) bereit. Wir schöpfen dann jeweils einen Teil der Knöpfli in eine Schüssel ab, streuen geriebenen Käse drauf, dann wieder Knöpfli usw... Obendrauf kommen in Butter geröstete Zwiebeln.

Was soll es sein ?

Hauptspeisen

salzig:

süß:

Beilagen, Gemüse:

salzig: